社会福祉の
制度と課題

【編著】

井村圭壯
武藤大司

学文社

執　筆　者

小渕　高志	東北文化学園大学	（第1章）
小田　進一	北海道文教大学	（第2章）
坪井　　真	作新学院大学女子短期大学部	（第3章）
*井村　圭壯	岡山県立大学	（第4章）
今井　慶宗	関西女子短期大学	（第4章）
小川　幸裕	弘前学院大学	（第5章）
山下智佳子	甲南女子大学	（第6章）
灰谷　和代	東海福祉専門学校	（第7章）
井土　睦雄	神戸医療福祉大学	（第8章）
*武藤　大司	プール学院大学短期大学部	（第9章）
木下　隆志	芦屋学園短期大学	（第10章）
吉島　紀江	平安女学院大学短期大学部	（第11章）
佐々木勝一	京都光華女子大学	（第12章）
河野　　喬	広島文化学園大学	（第13章）
工藤　恭子	北海道文教大学	（第14章）
釜野　鉄平	聖カタリナ大学	（第15章）

（執筆順・＊は編者）

はしがき

　現在，わが国における社会福祉の制度は大きく激変してきている。そのもっとも大きな変化は「社会福祉基礎構造改革」であろう。2000（平成12）年6月にそれまでの「社会福祉事業法」から「社会福祉法」に法改正され，契約制度の導入や規制緩和による市場原理の導入が開始され，社会福祉の枠組みの大転換（パラダイム・チェンジ）がおこった。

　その背景としては，戦後より続く核家族化や世界に類をみない少子・高齢化社会などに対応すること，またノーマライゼーションなどの人権意識の高まりもあったことであろう。特に，社会構造の変化に伴う社会問題は，人びとの生活を急激に変化させ，社会福祉のニーズも大きく変化することとなった。

　具体的には，長く続く経済不況下での失業者や非正規雇用者の増加，児童虐待件数の増加，未婚率の増加，生活保護受給世帯の増加をはじめとする貧困化など多くの社会問題となっており，社会構造の急激な変化に伴って社会問題が深刻化・複雑化してきている。また多問題で複雑かつ深刻なケースは増えており，それぞれ一人ひとりの支援策を考えるだけでなく，家族全体や地域を視野に入れた総合的かつ包括的な支援が必要となってきている。

　そういった社会構造の変化に合わせるべく，社会福祉の全体像をしっかりとつかむことで，おのおのの事業所や専門職としてのいわゆる自己完結的な支援に終始することなく，それらを越えた横断的かつ重層的な支援ができるような実践者が養成できれば，との願いを込めて本書を企画した。

　なお，本書は，保育士養成科目「社会福祉」をはじめ，社会福祉士・精神保健福祉士・介護福祉士・介護支援専門員・看護師など保健・医療・福祉専門職の「現代社会と福祉」「社会福祉概論」などに対応したテキストとして企画されたものである。わかりやすい文章や丁寧な専門用語の解説にも配慮しているため，学生をはじめとする初学者はもちろんのこと，すでに実践されている現

任者にとっても，社会福祉の基本書として手元に置いて学習するのに最適な1冊となっている。

　最後に，学文社代表取締役社長の田中千津子氏はじめ編集部の皆様には，本書の出版にあたって丁寧な編集作業など多大なご尽力を賜ったことを厚く感謝申し上げる。

2015年1月1日

編著者

目　次

第1章　現代社会と社会福祉 …………………………………………… 1

第1節　現代社会における生活問題の特徴　1

1．社会福祉政策の対象としての生活問題　1／2．新しい生活問題から新しい政策がつくられる　2

第2節　社会福祉と社会保障　4

1．社会福祉の概念　4／2．社会保障の概念　5／3．社会福祉の範囲と社会保障との関係　6

第3節　保健・福祉・医療の連携　9

1．他職種や専門家との連携　9／2．協働──支援の連携をチームで行う　10

第2章　保育と社会福祉 …………………………………………… 13

第1節　少子化と保育　13

1．少子化と保育の社会化　13／2．保育と保育問題　15

第2節　保育にかかわる施策　17

1．保育所の整備　17／2．保育所における多様な保育ニーズの対応　17

第3節　保育の福祉実践と課題　22

第3章　社会福祉の歴史 …………………………………………… 23

第1節　欧米の社会福祉の歴史　23

1．家族のはたらきと社会福祉　23／2．第2次世界大戦前の社会福祉──イギリスとアメリカ合衆国を中心に　24／3．第2次世界大戦後の社会福祉　27

第2節　日本の社会福祉の歴史　29

1．第2次世界大戦前の社会福祉の歴史　29／2．第2次世界大戦後の社会福祉の歴史　31

第4章　社会福祉の法律と行政組織 …………………………………… 35

第1節　社会福祉の法律　35

1. 社会福祉法　35／2. 福祉六法　36／3. 関連する法律　38

第2節　社会福祉の行政組織　40

1. 国の行政組織　40／2. 地方公共団体　43／3. その他の福祉機関および団体　48

第5章　社会福祉の民間活動 ……………………………………………… 51

第1節　社会福祉の民間活動とは　51

第2節　社会福祉の民間活動の内容　52

1. 社会福祉協議会　52／2. 共同募金会　53／3. 社会福祉法人　53／4. 医療法人　54／5. 営利法人　55／6. 特定非営利活動法人（NPO法人）　55／7. 生活協同組合　56／8. 農業協働組合　56／9. 町内会・自治会　57／10. 民生委員・児童委員　57／11. ボランティア団体等　58／12. 当事者組織　58

第3節　社会福祉の民間活動の課題　59

第6章　社会福祉従事者 …………………………………………………… 61

第1節　社会福祉従事者の現状と資格制度　61

1. 社会福祉従事者とは　61／2. 社会福祉従事者の資格　61

第2節　社会福祉従事者の専門性と倫理　65

1. 社会福祉従事者の専門性と業務内容　65／2. 社会福祉専門職の専門性と倫理　67／3. 社会福祉専門職の課題　68

第3節　保健・医療関係分野の専門職との連携　69

1. 社会福祉に関連する専門職　69／2. 専門職による連携　70

第7章　社会福祉における相談援助 ……………………………………… 71

第1節　相談援助の意義と原則　71

1. 相談援助とは　71／2. 相談援助の定義　72／3. 相談援助の視点　73／

4．相談援助の原則　74

　第2節　相談援助の方法と技術　74

　　　1．相談援助の機能（役割）　74／2．相談援助の方法　75

第8章　社会福祉における権利擁護 …………………………… 81

　第1節　情報提供と第三者評価　81

　　　1．福祉サービスと利用者の権利　81／2．福祉サービス情報の説明と責任　82／3．福祉サービスの質と第三者評価　85

　第2節　利用者の権利擁護と苦情解決　86

　　　1．利用者の権利擁護と支援機関・専門職　86／2．苦情解決制度　87／3．日常生活自立支援事業　88

　第3節　成年後見制度　89

　　　1．成年後見制度の意義　89／2．法定後見制度と任意後見制度　89／3．成年後見制度と権利擁護支援　90

第9章　生活保護 ……………………………………………… 93

　第1節　生活保護の概要　93

　　　1．生活保護とは　93／2．公的扶助の概念　94

　第2節　生活保護の制度　94

　　　1．生活保護の原理　94／2．生活保護の原則　95／3．生活保護の種類　96／4．就労自立給付金の創設　99／5．生活保護の実施機関　100／6．生活保護の財源　100／7．保護施設　100／8．生活保護に関連する諸施策　101

　第3節　生活保護の課題とは　102

第10章　児童家庭福祉 …………………………………………105

　第1節　児童家庭福祉とは　105

　　　1．児童家庭福祉と現代社会　105／2．児童家庭福祉の理念　106／3．子どもの権利保障　106

第 2 節　児童家庭福祉の制度　107

　　1．児童家庭福祉にかかわる法律　108／2．児童家庭福祉の関係法　109／3．児童家庭福祉の実施機関　110／4．児童家庭福祉施策と施設の概要　111

第 3 節　児童家庭福祉の課題　113

第 11 章　高齢者福祉　………………………………………………115

第 1 節　高齢者福祉の概要　115

　　1．高齢者福祉とは　115／2．法律における高齢者福祉の理念　115／3．ライフサイクルの変化からみる高齢者　116／4．高齢化の進展　116／5．高齢者の世帯状況　116

第 2 節　高齢者福祉の制度　118

　　1．老人福祉法　118／2．老人医療・老人保健　118／3．介護保険法　118／4．高齢者虐待防止法　120

第 3 節　高齢者福祉の課題　121

　　1．「肩車型」社会へ　121／2．高齢者におけるサービス付きの住宅の供給　122

第 12 章　障害者福祉　………………………………………………123

第 1 節　障害者福祉とは　123

第 2 節　障害者福祉の制度　125

　　1．障害者福祉制度の歴史的展開　125／2．現在の障害者福祉サービス体系　126／3．日中活動と住まいの場の組み合わせによる生活支援　130

第 3 節　障害者福祉の課題　131

　　1．福祉サービス利用の限界　131／2．障害児・者に対する差別　132

第 13 章　地域福祉　……………………………………………………135

第 1 節　地域福祉とは　135

　　1．地域とは何か　135／2．地域福祉とは何か　135

第 2 節　地域福祉の内容　136

1．地域福祉の歴史　136／2．地域福祉にかかわる組織・団体　137／
　　3．地域福祉の担い手　139／4．地域福祉計画と福祉教育　141
　第3節　地域福祉の課題　142

第14章　保健医療福祉 …………………………………………145
　第1節　保健医療福祉とは　145
　第2節　保健医療福祉の制度　146
　　1．保健医療福祉の統合化までの経過　146／2．最近の保健医療福祉の制度　148
　第3節　保健医療福祉の課題　152

第15章　社会福祉の今後の課題 ………………………………155
　第1節　現代社会福祉を理解する難しさ　155
　第2節　社会福祉の課題のとらえ方　156
　第3節　わが国における社会福祉の今後の課題　158

索　　引……………………………………………………………161

第1章

現代社会と社会福祉

第1節　現代社会における生活問題の特徴

1　社会福祉政策の対象としての生活問題

　私たちは，けがや病気，手術，出産，育児，障害，失業，家族の介護などのように，生活を脅かす問題に加え，高齢期には自分も要介護状態になることも考えておかなければならない。私たちの生活を支える各種の社会福祉サービスは，そのようなときに備えて社会福祉政策を具体化したものである。社会福祉政策は，社会福祉に関する各種の法律に基づいており，個別の制度として実施される。このことから，社会福祉は個人が直面する生活問題を，社会的に解決するための政策に転換させることが望まれている。

　個人の直面する生活上の問題が政策の対象となるのは，それらが現代社会における構造的な問題として現れていることを示している。では，現代社会における生活問題の特徴を考えてみよう。

　現代の生活問題の大きな特徴は，家族の規模が縮小し，これまで家族が担っていた機能を果たせなくなることによって現れるものである。従来，家族のなかで行われていた育児や病人の看護，老親の介護といった家族間ケアが困難である。平均寿命が延びたことから近年の介護は長期化しており，合計特殊出生率の低迷が続くなかでの高齢化率の高まりは，今後の要介護者の増加とともに介護の担い手の不足を示している。

また，近年増加し続けているひとり親家庭や高齢者の単身世帯のなかでは，貧困の問題が拡大している。貧困の問題は限られた家族形態の世帯だけに現れるものではない。たとえば，消費者金融からの多額の借金やカード破産，多重債務といったように，生活問題が「累積債務問題」として多くの人びとに現れている。

これまでの社会福祉や公的扶助（生活保護）の制度的対応（サービス給付）では，インカム・テスト（所得調査）やミーンズ・テスト（資力調査）によって所得や資産について厳しい把握がなされている反面，生活費を不足させる負の所得（マイナスの資産）としての借金については，十分な配慮がされてこなかった。そのために，債務を抱える人が生活困窮に陥っても，制度の利用や給付の対象から外れる場合もあるのだ。

これらと類似の問題を，年金や健康（医療）保険といった社会保険料や，公営住宅家賃の滞納問題のなかにも見出すことができる。社会保険料などの滞納による給付や制度利用の制限は，制度の給付や利用を制限される対象者ほど，実際にはその制度の給付や利用を必要とする人びとであることが多い。皮肉にも貧困な病弱者ほど，制度の対象から漏れてしまうのである。

制度を必要とする者がその対象から外れてしまうことでは，非正規雇用や不安定就労の問題としてのワーキングプアにも当てはまる。正規雇用でないために収入が安定しないことから，社会保険に加入しても保険料を納められず，無年金者になってしまうリスクが高いのだ。また，外国人労働者らが形成する不安定居住の問題，ホームレス問題なども，従来の制度が十分にカバーしきれていない分野のひとつである。

② 新しい生活問題から新しい政策がつくられる

日本の社会福祉政策は社会保険を中心に整備され，国民皆保険・皆年金体制が実現し，すべての人たちが制度的にカバーされているかのように見えていた。ところが，実際にはそこから外れた層がかなりいて，現行の制度にはそう

した人たちに対する手段がなく，結局はあらゆる非典型的なリスクに応える公的扶助（生活保護）でしか，救済の手段がない状態が明らかになりつつある。

そこで，従来の制度では対応できない生活問題や政策的な要望がある時には，それらに対応する新しい制度がつくられる。たとえば，近年のニートやフリーターの問題に対して，若者の職業的自立や就労支援を促し，子育てを支援する「子ども・若者ビジョン」が内閣府によってまとめられ，厚生労働省がこれを後押しする「若者チャレンジ奨励金（若年者人材育成・定着支援奨励金）」を時限措置の政策として実施した。これは，生活問題の現代的特徴が新しい政策につながり，生活問題の社会的解決のために必要な政策が登場していると理解できるものである。

同時にそれは，多様な生活問題のある部分を政策判断に基づき「政策対象」として切り取り，社会的解決の優先順位を付けた結果でもある。その過程には，政策主体の価値や利害による方向づけが介在していることへの注意を忘れてはいけない。

社会福祉制度は，社会福祉に関する各種の法律に基づいたものであるがゆえに，法律で規定されない部分には対処できない。また，その時の政府の方策や方針によって，制度設計や運用に解釈上の違いや課題も出てくる。そのことを高齢者の介護を例にとってみよう。

高齢者の介護は，介護をうける高齢者や介護を行う家族にとって，自分の生き方に合わせて自由に選択できる制度が整っていることが前提である。その選択の幅を十分に確保するためには，在宅介護における24時間サービスの提供が必須であった。ところが，日本の介護保険制度は，在宅での24時間サービスを念頭に置かずに制度設計された。それは，当時，社会問題となっていた高齢者の社会的入院の解決を急いだためであった。社会的入院とは，病院以外での療養が可能でありながら病院にとどまることをいう。病院にとどまるのは，家庭に介護の担い手がいないことや病院以外に施設が見つからないことが主な理由である。不十分な介護保障を要因とする高齢者の長期入院が，高齢者医療

費を押し上げていたことが、社会的に問題視されていたのであった。

　先進諸国のなかでも3世代同居率の高かった日本は、施設ケアの拡充や介護を担う人材の育成と職業としての確立に力を注ぐよりも、介護の担い手を家族に期待したのであった（日本型福祉社会論）。

　当時は老親扶養が子どもの義務であり、嫁が夫の両親の介護をすることは当然とされていたとはいえ、日本の人口高齢化のスピードは先進諸国のなかでもっとも早く、少子化による家族規模の縮小も人口学的に予測されていたことであった。

第2節　社会福祉と社会保障

1　社会福祉の概念

　社会福祉（social welfare）の概念を理解するために、目的と実体との2つの側面からみていこう。社会福祉の目的は、ウェルビーイング（人びとがよりよく生きること）や幸福の追求を実現することであり、その方途を示すのが社会福祉法である。これらの目的を果たすため、社会福祉の実体はいくつもの制度によって形づくられている。

　たとえば、ウェルビーイングを妨げ、幸福の追求を困難にする生活上の諸問題は、貧困や病気、障害をもつことによって生じる。これらに対応する制度として、低所得者への公的扶助制度（生活保護）や年金や医療などの社会保険制度（所得保障政策）があり、社会保障も社会福祉の範囲に位置づけて考えることができる。

　社会福祉には、相談援助などの援助技術とサービス形態を指す場合とがある。援助技術は、一般にソーシャルワークと呼ばれる。ソーシャルワークは、すべての人間が平等であること、価値ある存在であること、尊厳を有していることを認めて、これらを尊重することに基盤を置き、人権と社会正義の実現を目指す活動である。ソーシャルワーカーは、ソーシャルワークの専門知識と専

門技術とを用いて，不利益を被っている人びとと連帯して貧困の軽減に努め，社会的排除や傷つきやすく抑圧されている人びとを解放し，社会的包摂（ソーシャル・インクルージョン）を促進するよう努力するもの，と国際ソーシャルワーカー連盟は定義している。

　従来の援助技術をさらに発展し，個人の積極的な対処能力を引き出そうとするエンパワメント，ストレングス志向，解決志向，ナラティブ・セラピーなどの実践モデルが，今日のソーシャルワークに登場している。

　サービス形態を指す場合は，サービスをうける拠点に注目した施設給付と在宅給付という分類方法や，給付の性格に着目した現金給付（金銭給付），現物給付，役務給付（ホームヘルプ，保育，介護などのようなケアワークといった対人援助サービス）などの分類方法が用いられる。

② 社会保障の概念

　社会保障（social security）とは，病気やけが，障害，老齢，労働災害，職業病，妊娠・出産，介護などで働けなくなり，生活が困窮する状態に陥った時や，治療や療養，介護などの通常と異なる出費を必要とする場合に，社会的権利として正常な生活を保障することを目的とする制度や施策を指すものである。

　生活困窮者の救済制度は，イギリスにおける 1601 年のエリザベス救貧法（1834 年に改正されて新救貧法となる）までさかのぼることができる。社会保障が現代の政策に通じる形で登場するのは，1935 年のアメリカにおける社会保障法（Social Security Act）であった。社会保障法は，社会保険と公的扶助とを合わせた法律の名称であり，1929 年の世界大恐慌の影響で発生した 1,400 万人の失業者に対する施策であった。

　かつてない経済危機にアメリカでは労働運動が国内各地で頻発し，大規模な社会主義運動につながっていった。社会保障法を 1935 年に成立させた F. D. ルーズヴェルト大統領は，ニューディールと呼ばれる大型の公共投資を行い，

有効需要拡大政策を実施した。ルーズヴェルトが，社会主義の道もファシズムへの道もとることなく，「中道からやや左より」の政策を採用することによって資本主義を維持したように，今日の不況下においても景気刺激策と社会保障とを連動させた解決が図られる。景気変動の波を和らげる経済政策がとられると同時に，生活困窮者への対応が社会保障によって行われるのだ。

社会保障は，① 個々人の責任として言及することのできない要因によって，最低限度の生活を営むことができなくなる事態に備えて，社会全体で個々人の最低限度の生活を保障すること。② 個々人の生活水準が最低限度に陥る危険性そのものを，社会全体で引き下げること，という2つの目的がある。

上記のように，① は，社会的なリスクから個々人を保護する働きをする「リスク・プーリング」機能である。② は，個々人が社会的リスクに遭遇する危険性を軽減する働きをする「リスク軽減」機能である。

3 社会福祉の範囲と社会保障との関係

上記に示した社会保障の考え方は，実際の政策における社会保障制度を次の4つに構成している。

① 公的扶助：生活保護のように，生活困窮者に対して政府が憲法に基づく健康で文化的な最低限度の生活を保障する制度。
② 社会保険：年金保険・医療保険・雇用保険などのように，原則として加入者が拠出金を負担することでその給付が行われる社会保険制度。
③ 社会福祉：心身障害者，子ども，高齢者，母子世帯などのように，社会的に援助の必要な人びとに対して，自立して能力が発揮できるようにするための政府が提供する公的サービス。
④ 公衆衛生：国民の健康の維持増進を目的として政府が提供する公的サービス。

それぞれの特徴をみていくと，この① 公的扶助と ② 社会保険は，ともにリスク・プーリングの手段として位置づけられる。そして，両者には次のような特徴がある。① 公的扶助は，実際に最低限度の生活が発生した際に初めて適用される事後的な救済手段である。それに対し，② 社会保険はそうした事態が発生するリスクを個人が被る可能性を低くするために，社会全体でリスクを配分しておこうとする手段である。④ 公衆衛生は，政策的に国民の健康を維持・増進することは，それ自体として社会的な費用を必要とするものである。

　では，なぜそのような政策をとるのかというと，そのような政策によって病気になる人（危険性）を少なくすれば，病気になった人の面倒を社会全体で看る費用を引き下げるという効果が期待できるからである。このような意味において，公衆衛生はリスク軽減のための手段であるといえる。最後に，③ 社会福祉は，どちらかといえばリスク・プーリングの手段としての色彩が強いけれども，その具体的な内容をみると社会福祉によって結果的にリスクの軽減の達成が容易になると期待されるものも含まれている。

　日本では一般的に，① 公的扶助，② 社会保険，③ 社会福祉，④ 公衆衛生を総称して社会保障と呼ぶことが多く，社会保障と社会福祉とを厳密に区別して使用することは少なかった。今日においては，次に示すように両者を緩やかに分けて考えるようになりつつある。

　広い意味のとらえ方をすれば，社会福祉は住宅対策や雇用対策といった関連政策を含む公共の社会政策全体に入るものである。政策の対象を絞り，狭い意味のとらえ方をすれば，社会福祉は，公的扶助，児童福祉，老人福祉，母子福祉，身体障害者福祉，精神障害者福祉など，所得保障（金銭給付）のみならず非貨幣的ニーズに対応する直接的な対人援助活動の提供をする制度を指すものであるととらえられる。

　これまでの日本の慣例では，社会保障のなかに社会福祉を位置づけていた。そこでは，年金などの社会保険に代表される所得保障を行う制度に対し，心身

障害者，子ども，高齢者，母子世帯などへの対人援助活動を指すものとして社会福祉をとらえることが多かった。今日の解釈では，社会福祉のとらえ方が欧米の社会サービス（social services）に近づいてきており，社会福祉のなかに社会保障を位置づけようとする考え方が広まりつつある。

日本において社会福祉という名称が広く使われるようになったのは，第2次世界大戦後のことである。社会福祉を社会における福祉的な実践ととらえるならば，明治時代後半の1890年代にその先駆的なものが登場し，当時は慈善事業や救済事業と呼ばれていた。それらは，1920年代以降になると社会事業と呼ばれるようになり，生活上の困難を抱える人たちへの援助活動を示すものとして定着していった。社会事業は，社会福祉の発展段階のひとつとして位置づけられる事業および思想である。社会事業の特徴は，制限的で公的責任性のやや低い救貧事業の次の段階に位置し，保護的な視点から生活困窮者に対応することにある。

慈善事業や救済事業が社会事業と呼ばれるようになったのは，米騒動（第1次世界大戦でシベリア出兵に備えた米の買い占めによる米の価格急騰によって，1918年に起きた全国的な暴動事件）のような社会の混乱や貧困のように，社会の近代化がもたらす諸問題を公的に解決すべき社会問題として認識する傾向が，大正末期から昭和初期のころにかけて，知識人や官僚の間で徐々に広まっていったからであった。

日本において社会保障という名称が登場したのは，戦後のことであった。日本における社会福祉や社会保障は日本国憲法制定時に登場し，その概念は戦後の民主主義のなかで形成されてきた。1949年に社会保障制度審議会が発足し，憲法25条の生存権の理念を具体化するために社会保障のあり方が検討された。社会保障制度審議会が1950年に提示した「社会保障制度に関する勧告」は，「疾病，負傷，分娩，死亡，老齢，失業，多子その他の困窮の原因に対し，保険的方法を用いて経済保障の道を講じ，生活困窮に陥ったものに対しては直接，公の負担において国家扶助（公的扶助）により最低限度の生活を保障する

とともに，公衆衛生および社会福祉の向上を図り，もってすべての国民が文化的社会の成員たるに値する生活を営むことができるようにする」と，社会保障を規定している。

第3節　保健・福祉・医療の連携

1　他職種や専門家との連携

　今日の多様な福祉ニーズに応えようと，異なる組織や団体，あるいは異なる立場や職種の人びとが目的を共有し，協力し合って目的達成のために連携し，サービスを総合的に提供していくようになりつつある。

　当事者の生活上における諸問題を改善・解決していくために，サービスを提供している保健・福祉・医療の専門家たち，NPO（NonProfit Organization：民間非営利組織）や当事者組織・団体などのコーディネーターらが互いに連携し，支援を行っていく。

　この支援に必要とされているのは，地域社会と保健・福祉・医療の専門家らを結びつけることである。そこで，社会福祉協議会の地域福祉コーディネーター，福祉活動専門員，ボランティア・コーディネーターなどが重要な役割を果たす。

　社会福祉協議会は，民間の社会福祉事業を発展させるために，住民参加による新しい福祉団体として，1951年から全国的に結成された団体である。社会福祉協議会は，市町村単位に置かれた市町村社会福祉協議会と，都道府県単位に置かれた全国社会福祉協議会があり，住民参加やコミュニティでの福祉活動の促進，ボランティアの育成，当事者組織・団体などへの支援を行っている。

　少子高齢化による相互扶助機能の低下した地域社会において，地域住民を組織化していくため，社会福祉協議会を中心に施設や行政機関などの連絡調整や住民活動の組織化などが行われた。

　その方法にはアメリカで発展してきたコミュニティ・オーガニゼーションの[1]

考え方が導入された。コミュニティ・オーガニゼーションは，住民自身が問題を解決することができるように，コミュニティワーカーらが住民を組織化する援助方法である。

やがて，イギリスのコミュニティケア論やコミュニティ・ディベロップメント（地域社会開発）の考え方が導入され，住民の潜在的ニーズの汲み上げや在宅福祉サービスなどの資源開発，サービス提供機関・団体間での連携調整システムづくりを，コミュニティワーク[2]として展開することになった。

社会福祉協議会の行うコミュニティワークを大まかに見てみると，以下のようになる。

① 住民参加型の福祉支援：ハンディキャップをもつ当事者やその家族の参加活動の支援，小地区における住民組織の行う福祉活動の支援，ボランティア活動の支援。
② 福祉サービスの開発：住民参加による福祉サービスの開発支援，民間福祉団体による独自サービスの開発支援。
③ 保健・福祉・医療の連絡調整：福祉機関・施設，住民参加のNPO，ボランティア団体，当事者組織・団体間の連絡調整，協働。

2 協働——支援の連携をチームで行う

異なる組織や団体，あるいは異なる立場や職種の人びとが達成すべき目的を共有し，互いに協力し合って働くことを協働と呼び，政策論や地域福祉論の場面では公私協働や公民協働，援助実践論の場面では職種間協働のように使うことも増えてきた。

公私協働は，自治体だけではなく民間営利組織，非営利組織が参加し，ともに地域の福祉サービス供給体制をつくっていくことを指している。公民協働は，地域住民が主体的に自治体の政策過程全般にかかわっていくことで，市民自治を行政に反映させることを意味する。

援助実践論でいうところの職種間協働とは，① ソーシャルワーカーと利用

者との関係における協働を指す場合や，②保健・福祉・医療といった異なる職種間での協働，あるいは，医療機関と福祉施設といった異なる機関との間における協働である（機関間協働）。

　職種間協働の①は，エンパワメントを志向するソーシャルワーカーが，利用者の話す内容をクライエントの前で記録し，利用者がその内容を確認するなどのように，対等な関係で一緒に問題解決の計画を作成するものである。②は，地域で暮らす多様なニーズをもつ人びとや複雑で困難な問題を抱える人びとを支援していくために，多様な専門家や関係者，利用者らが共同で問題やニーズを分析し，支援計画を立て，各機関や専門家などが連携してサービスを総合的に提供していくものである。

　職種間協働（機関間協働）は，ケースマネジメントの利用者指向モデルが重視してきた戦略である。利用者のために効果的で効率的な支援計画を立て，多様な専門家や関係者が職種間協働のチームとして互いが補完しあいながら，利用者を支援していく。

　職種間協働が安定的に機能していくためには，所属機関同士のフォーマルなネットワークと，個別の要請に応じて人びとを招集するインフォーマルなネットワークとを協働の場においてシステム化しておくことが望まれる。

　また，地域内の潜在的利用者のニーズ把握や使用者に関する情報の共有管理，各機関のサービス情報の共有，各機関のスタッフの合同研修，支援計画の実施の了承などに関しての合意形成をするため，機関の長や管理職による機関間協働のシステムも整備される必要がある。

　職種間や機関間の協働におけるチームのコーディネートは，どの職種でも可能であるけれども，多くの専門知識をもち対人援助技術を身につけ，多様な機関や職種と接することの多いソーシャルワーカーは，この役割によりふさわしい職種といえる。

〈注〉
1）コミュニティオーガニゼーションの原点には，ロンドンでセツルメント活動をしていたエドワード・デニソン（Denison, E.）やサミュエル・バーネット（Barnett, S.）らの主張がある。彼らは，産業の不均衡などによる低賃金や失業のように，貧困問題には個人の努力とは無縁の要因があると考え，貧困問題の解決のためには自らが社会に働きかけることが必要であると主張した。この主張がアメリカに伝わり，社会運動を支えるコミュニティオーガニゼーションへと発展していった。
2）今日のソーシャルワークは，ケースワーク（個別援助），グループワーク（集団援助），コミュニティワーク（地域援助）の3つの方法から構成されている。初期のコミュニティワークは，アメリカからコミュニティオーガニゼーション（community organization：地域組織化技術）として導入された。その後，イギリス流のコミュニティケア論やコミュニティ・ディベロップメント（地域社会開発）の概念を取り入れ，包括的な地域援助技術の手法として発展した。

〈参考文献〉
岩田正美・上野谷加代子・藤村正之『ウェルビーイング・タウン 社会福祉入門』有斐閣，1999年
坂田周一『社会福祉政策（改訂版）』有斐閣，2007年
下平好博・三重野卓編『グローバル化のなかの福祉社会』ミネルヴァ書房，2009年
武川正吾『福祉社会──包摂の社会政策（新版）』有斐閣，2011年
久塚純一・森田慎二郎・金川めぐみ編『チャレンジ 現代社会と福祉』法律文化社，2012年
平岡公一・杉野昭博・所道彦・鎮目真人『社会福祉学（New Liberal Arts Selection）』有斐閣，2011年

第2章

保育と社会福祉

第1節　少子化と保育

1　少子化と保育の社会化

これまで少子化の主な原因は,結婚に関する意識の変化,子育てと仕事の両立の困難や子育てそのものを負担と感じる人たちが多くなるなど,また,結婚する年齢が高くなる晩婚化などによる未婚率の上昇にあると考えられてきた。さらに働く女性の増加,女性の管理職への役割が期待されるなど女性の社会進出や未婚率の上昇に加えて,結婚した夫婦の出生児数が減少するという新たな現象が認められ,今後も少子化が進むと予想され,さらなる制度的対応が急務とされている。また,家庭や地域での子育て機能の低下などの課題があり,そこには世代間で育児方法の伝承が行われず親密な関係を築けない地域社会における人間関係や一面的な育児情報に翻弄されて不安・孤立感を増大させる孤独な子育て家庭の問題などが背景としてある。このような問題・課題を克服して,「子どもが生き生きと育つ社会」の実現を目指しての施策の展開が求められている。

保育とは,乳幼児を養護し教育することであり,家庭で行われている育児(保育)は,通常,子どもの命を守り,衣・食・住の世話をする養護の機能と,言葉や生活に必要なことを教える教育の機能を併せもつとされている。

保育所や子育て支援などの保育サービスは,社会福祉制度のもとで展開され

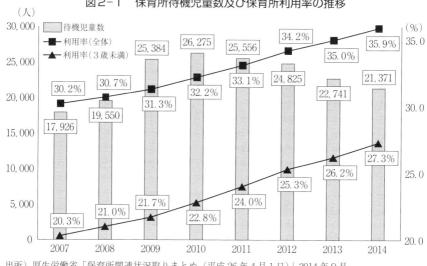

図2-1 保育所待機児童数及び保育所利用率の推移

出所）厚生労働省「保育所関連状況取りまとめ（平成26年4月1日）」2014年9月

る。育児や子育てを社会的な関わりのなかでとらえ，一人ひとりの子どもの幸福の実現や保護者の自己実現を支えることは，「社会福祉」や「児童家庭福祉」の一部に位置づけられるのである。

　社会との関係でいうと子育ての責任と負担を，親だけが背負い込むことがないように，社会全体で子育て中の家庭を支援していこうという考え方を「保育の社会化」という。それに対して，すべての子どもが家庭の外で保育されたら，親が親として育つ機会を奪い，親子関係の希薄化を助長するのではと危惧する意見もある。これまで親子関係を大事にしてきた保育所では，この両面を理解し対応しなければならない難しさがある。

　育児を家庭や家族の外に求める保育の外在化の現実をみると，就学前の子どもの多くが，家庭や祖父母などの養育環境から，幼稚園・保育所（園）をはじめとする社会的な集団保育の場へと移行し，さらに集団保育の場では保育時間が長時間化している。また，長時間保育をする保育所の子どもほど保育所に入所している期間が長い。保育の長時間化の傾向は，保育所（園）の開所時間に

も見られる。11時間以上開所（園）している保育所（園）は，1998（平成10）年28.6％だったのが，2012（平成24）年75.6％と急増している。保育所利用児童は増加し続けており，2014（平成26）年度利用児童数は2,266,813人で，5年前の総定員数（2009年2,131,929人）を超えた。利用率は，35.9％である。入所児の割合は，3歳以上児72.7％であるが，3歳未満児の割合が増加中である。保育所入所待機児の82％が3歳未満児であることから，3歳未満児の需要が喚起され，保育所入所児が増えるという傾向が今後も続くと考えられる（図2-1）。

2　保育と保育問題

　保育は，戦後，児童福祉法が施行されるまでは，篤志家といわれる民間の社会福祉事業者により行われてきたが，戦後になって保育問題と呼ばれるようになった。保護者の就労・疾病などのために保育できない幼児を，どこで，どのように保育するのかという社会問題として捉えるようになったということで，必ずしも今日のように児童の福祉や自己実現を図るためということではなかった。

　児童福祉法（39条）では，「保育所は，日日保護者の委託を受けて保育に欠ける乳児または幼児を保育することを目的とする施設とする」と規定している。保育の意味についての法的な規定はないが，養護と教育が一体になったもの（保育所保育指針）とされている。また，「保育に欠ける」状態とは，児童の保護者のいずれもが①昼間労働することを常態としていること，②妊娠中であるかまたは出産後間もないこと，③疾病にかかり，若しくは負傷し，または精神若しくは身体に障害を有していること，④同居の親族を常時介護していること，⑤震災，風水害，火災その他の災害の復旧に当たっていること，⑥前号に類する状態であること（「児童福祉法施行令」第27条）とされてきた。これは，保護者の生計の維持などを理由にした基準であり，利用対象を主として共働き家庭とした限定的な規定であった。今後は，「子ども子育て支援法」

において教育・保育給付の要件として，以下のように定められたことにより，支援と利用の幅が広がることが期待される。(支給要件) ① 満三歳児上の小学校就学前の子ども，② 満三歳児以上の小学校就学前の子どもであって，保護者の労働又は疾病その他の内閣府令で定める事由による過程において必要な保育を受けることが困難であるもの，③ 満三歳未満の子どもであって，前号の内閣府令で定める事由により家庭において保育を受けることが困難であるもの(子ども子育て支援法19条1項)。

1963 (昭和38) 年の中央児童福祉審議会答申「保育問題をこう考える」では，① 保護者自身の人格的な問題によるもの，② 子どもの心身障害によるもの，③ 住居面積が狭いなどの家庭環境によるもの，④ 適当な遊び場がないなど地域の状況が不適切なものも含めることを提言している。それまでの就労支援的かつ保護的な考え方から子どもの生活全般を視野に入れようという意図が見てとれる。

1997 (平成9) 年の児童福祉法の改正により，保育所入所は，行政主導の「措置」から保護者の申し込みによる「保育の実施」へと変化し，利用者である子ども・子育て家庭の利用意向を尊重した選択的なサービスとして位置づけられた。

さらに，生活環境や子育て環境の変化に伴い，保育所には多くの役割が期待されるようになった。子育て家庭一般への支援や保護者からの保育の質や教育的要素の充実などである。保育の位置づけにさまざまな課題を残しながらも「保護の必要な，ある特定の子どもへの保育」から「すべての子どもの保育」へと大きな転換を果たしつつある。子ども子育て三法(「子ども・子育て支援法」「改正認定こども園法」「児童福祉法の改正」2015年5月施行)では，保育の供給方式が大きく変わることになる。幼稚園，保育所，認定こども園が施設型給付に統一され，さらに地域型給付として，家庭的保育，小規模保育，事業所内保育，居宅訪問型保育が事業化され，より幅広く事業が展開されるようにも考えられるが，児童福祉法24条の公的責任の問題や施設型給付に移行しないこ

れまで通りの幼稚園との関係など課題は多い。ちなみに，児童福祉法施行時（1948（昭和23）年4月），保育所数1,476，児童数13万5,503人であったが，2014（平成26）年4月現在，保育所数2万4,038，定員228万8,819人，児童数221万9,581人となっている。

第2節　保育にかかわる施策

1　保育所の整備

　保育所は，要保育児童の実態に即して，特に1965（昭和40）年度以降急速に整備された。人口急増地域など一部の地域を除き全国的には施設不足は解消されたとされるが，地域により幼稚園と保育所の偏在などが指摘される一方，近年では，都市部を中心とした待機児童の問題が深刻化し，保育所の増設も検討された。1995（平成7）年度から1999（平成11）年度まで実施された「緊急保育対策等五ヵ年事業」により，地域の要請に対応した施設整備が図られた。さらに保育所の多機能化を含めた整備改善策として，「新エンゼルプラン」「子ども子育て応援プラン」が取り組まれている。

　また，将来人口の推計により少子化への対応が急務となり，待機児童解消を目的として「待機児童ゼロ作戦」が取り組まれており，認可保育所をつくりやすくするなどの地方公共団体の柔軟な対応の促進や，保育所運営への多様な主体の参入・定員要件の緩和・賃貸方式の容認などの緩和措置が講じられている。2013年横浜市の待機児童ゼロの実現をモデルにした「待機児童解消加速化プラン」では，2年間期限を定めて，賃貸方式や国有地も活用した保育所整備や保育士の確保，認可外施設の認可支援などを行う自治体への支援により待機児童の解消を図るとしている。

2　保育所における多様な保育ニーズの対応

　保育需要の多様化への対応として，さまざまな特別保育対策が実施されてい

る。乳児保育，障害児保育，延長保育を始めとし，一時保育，夜間保育，休日保育などが特別保育事業として取り組まれている。

(1) 子どもたちへの対応

1) 乳児保育

1969（昭和44）年度から乳児保育特別対策として実施されてきたが，1989（平成元）年に一定の要件の整備された保育所に対する乳児保育担当保育士の配置を行うなどの改正を経て，1995（平成7）年，緊急保育対策5ヵ年事業により「産休・育休明け入所予約モデル事業」として取り組まれ，さらに，実質的な乳児保育の拡大のために，2010（平成22）年には児童福祉施設最低基準を改正し，0歳児の保育士の配置基準が3：1と規定された。これにより，どの保育所でも乳児を受け入れて保育を実施できることになった（乳児保育の一般化）。

2012（平成24）年3月現在，保育所入所の0歳児は，10万3,599人で，1990（平成2）年を1とした指数では2.65と大きな伸びを見せている。

2) 障害児保育

保育所における集団保育が可能な障害児を保育所に受け入れ，集団的保育の適切な実施をねらいとした経費の補助が行われている。

3) 病児・病後児保育

病気の子どもや回復期の子どもの保育は，保護者が就労している場合は家庭での保育が困難であることから，病院などに付設された施設により保育されるようになった（1994（平成6）年）。その後，この事業は，病児対応型・病後児対応型・体調不良時対応型の3類型を経て，今日では，自園において3類型の保育を行うとともに，地域のニーズに応じて看護師が訪問して一時的に保育する非施設型としても行われている。

(2) 多様なニーズに対応する「保育」

わが国の保育ニーズへの対応は主として保育所が行ってきた。しかし，必ずしも保育所では担い切れない部分があり，それを補うさまざまな保育が下記の

ように制度的にも取り組まれている。

1）へき地保育所

1961（昭和36）年から制度化され，離島，山間へき地における保育を要する児童に対して，必要な保護を行い，その福祉を図るものである。

2）家庭的保育（保育ママ）事業

2000（平成12）年より制度化。保育所と連携しながら居宅において少人数の低年齢児の保育を行うもので，保育需要に対応するための応急的措置として実施する市町村に対して必要な補助を行うものである。2008（平成20）年「児童福祉法」上の事業に位置づけられた。

3）在宅保育サービス助成事業

急な残業や夜勤などの就労の状況への対応として，保育所への送迎，在宅での保育サービスへの助成や，在宅保育サービスを行うベビーシッターの資質の向上を図るための研修などが盛りこまれている。

4）認可外保育施設

このうち事業所内保育所は，1983（昭和53）年度より整備委託に要する経費の助成が行われてきたが，認可外保育施設における事件など社会問題化しかねない状況をうけ，2002（平成14）年「認可外保育施設指導監督の指針」により，職員配置や設備について指導を行っている。2005（平成17）年からは，認可外保育施設指導監督基準を満たす証明書の交付をうけた施設の利用料にかかる消費税が非課税となった。

5）ファミリーサポートセンター

エンゼルプランにより旧労働省で取り組まれた。急な残業など臨時的で一時的な保育需要に対応するための会員制の支援施設である。2001（平成13）年省庁再編により，保育施設との連携強化が図られた。地域子育て支援センターなどに支部を併設し育児相談などにも対応するとされている。

6）認定こども園

2006（平成18）年10月から制度化した認定こども園は，「就学前の子どもに

関する教育，保育等の総合的な提供に関する法律」（認定こども園法）による施設で，幼保連携型（幼稚園，保育所両方の認可が必要），幼稚園型，保育所型，地方裁量型の4類型がある。子ども子育て支援新制度により認定こども園の拡充が政策的に推進されている。2015（平成27）年度の子ども子育て3法の施行に向けて，特に幼保連携型認定こども園が拡充することが期待されているが，運営経費と制度を支える財源の問題など課題が大きい。

(3) 保護者たちへの対応
1) 延長保育・夜間保育

いわゆるベビーホテルにおける保育環境などが社会問題化したため，夜間保育事業や延長保育特別対策が創設された。延長保育は，その後，1991（平成3）年長時間保育サービス事業，1994年時間延長保育サービス事業を経て，1998（平成10）年から延長保育等促進基盤整備事業として，保護者の要請に柔軟に応えることができるよう，保育所の自主事業として位置づけられた。さらに2000年には，短時間（30分）の延長保育が対象となるとともに，3時間，5時間の類型が追加され，2002年，7時間以上の延長保育が創設されるに至り，前後の延長保育を合わせると24時間の開所が可能となった。

2011（平成23）年からは，子育て支援交付金により対応されている。

なお，夜間保育は，おおむね午前11時ころから午後10時までの夜間の保育を行う保育所の運営費を補助する。

2) 休日保育

1999（平成11）年から，日曜・祝日勤務の保護者の保育需要への対応として補助されている。

3) 特定保育事業

2003（平成15）年より実施。保護者の就労形態の多様化による保育需要への対応として，3歳未満児を対象とした保育サービスである。週に2，3日程度必要な時間に保育をうけることができる。その後，就学前の子どもまで対象が

広がった。

(4) 地域で子育てをする家庭への対応

1）保育所地域活動事業は，1989年より地域の需要に応じ，老人福祉施設訪問など世代間交流事業，地域における異年齢時交流事業，地域における子育て家庭への育児講座，郷土文化伝承活動，保育所退所児童との交流，小学校低年齢児童の受け入れなどの特別保育科目を設定している保育所に対して補助を行う。

2）一時保育事業は，1990（平成2）年より行われている。

① 非定型的保育サービス事業：保護者のパートなどの仕事により週3日程度断続的に，保育が困難となる児童に対して保育を行う。

② 緊急保育サービス事業：保護者の傷病，入院などにより，緊急一時的に保育を行う。

③ 私的理由による保育サービス：保護者の育児による心身の負担解消のための私的理由をうけて保育を行う。

3）地域子育て支援事業は，1993（平成5）年から取り組まれている。地域の保育所が連携して，① 地域の子育て家庭に対する育児不安などについての相談指導，育児支援，② 地域の子育てサークルへの支援，③ 地域の保育ニーズに応じた特別保育事業の積極的実施など，④ ベビーシッターなどの地域の保育資源の情報提供など，子育て支援事業を総合的に実施する（地域子育て支援指導者を配置，4事業中2，3事業実施に助成する）。

4）少子化対策プラスワン

2002年より，「家庭を持って子育てをする生き方が自然にできるような」社会を目指して，① 男性を含めた働き方の見直し，② 地域における子育て支援，③ 社会保障における次世代支援，④ 子どもの社会性の向上や自立の促進，を柱に取り組まれた。特に保育サービスの充実では，待機児童ゼロ作戦を一層推進して，特に大都市周辺部における公設民営の推進，分園や設置主体の規制緩和などによって保育所などに対して受け入れ児童数を増やすとしている。

第3節　保育の福祉実践と課題

　保育は，家庭養護の補完の場といわれてきた。父母が働いているなどで，子どもの世話ができない昼間の時間の保育を補って行うということである。しかし，家庭にはない環境のなかで，多様な経験を経ることによる確かな育ちが保育所という保育実践の場において展開されている。制度化された多様なサービスとは異なる，子どもと親の実態に即した日々の営みである。子どもとともに生活する専門家としての保育者の願いが，子どもの成長発達や生活のねらいに生かされてこそ，養護と教育が一体となった保育といえるのであろう。近年保育を表す用語について「pre-school education」という用語に代わって，「early childhood education and care（educare）」が使われているという[1]。保育問題として社会的な整備を目指すとともに，保育（養護・教育）自体の問題として実践の質を見直しさらに内容を改善していくことが求められている。

〈注〉
1）待井和江「保育施策の変遷と保育士養成の歩み」『社会問題研究』第52巻第2号，大阪府立大学社会福祉学科，2003年，p.49

〈参考文献〉
藤崎宏子編『親と子――交錯するライフコース』ミネルヴァ書房，2000年
国立社会保障・人口問題研究所編『少子社会の子育て支援』東京大学出版会，2002年
村田篤美編『児童福祉実践の基礎』理想書林，2004年
柏女霊峰『子ども家庭福祉論』誠信書房，2009年
岩田正美監修『子ども家庭福祉』日本図書センター，2010年
福田公教・山縣文治編『児童家庭福祉』ミネルヴァ書房，2010年
全国保育団体連絡会・保育研究所編『保育白書2014』ひとなる書房，2014年
社会福祉の動向編集委員会『社会福祉の動向2014』中央法規，2014年
厚生労働省編『厚生労働白書（平成26年版）』2014年

第3章

社会福祉の歴史

第1節　欧米の社会福祉の歴史

1　家族のはたらきと社会福祉

　人間の暮らしと人生にかかわる社会福祉・医療・保健・看護・保育・幼児教育のルーツは，伝統的な家族のはたらきにある。そこで主な家族のはたらきを列挙してみよう。

① 生命の維持と生活・文化の欲求を充足するはたらき。

② 生活の糧・収入を獲得し，家計を安定させる経済的側面のはたらき。

③ 性的・情緒的欲求を充足するとともに社会成員（子孫）を補充するはたらき。

④ 子どもを育て，社会に適応する人間に教育するはたらき。

⑤ プライベートな空間（家庭）で家族が心の安らぎを得るという情緒面のはたらき。

⑥ 病気・障害などにより支援が必要な家族を扶養し，保護・援助するはたらき。

　このうち，①・②・⑥は現代の社会福祉（児童福祉，障害者福祉，高齢者福祉・介護，生活保護など）と関連する家族のはたらきである。また，①・③・⑥は現代の医療・保健・看護と関連しており，④は現代の保育・幼児教育が家族のはたらきを部分的に担っている。つまり，伝統的な家族のはたらきは，

現代社会においてさまざまな専門組織（社会福祉施設・機関，医療・保健機関，保育所，幼稚園などの教育機関）が代替しているといえよう。

一方，⑤の情緒面のはたらきは，現代社会においても重要な家族のはたらきといわれている。しかしながら，近年は配偶者間のDV（ドメスティック・バイオレンス）や家庭内別居，児童虐待，高齢者虐待など情緒面のはたらきにかかわる家族の問題が増加し，精神医療の専門家による治療，社会福祉士・精神保健福祉士などのソーシャルワーカーによる相談援助，臨床心理士によるカウンセリングなどの専門的支援が重視されている。

歴史的にみた場合，伝統的な家族のはたらきは，人類が狩猟生活をおくっていた時代から原初的ながらも存在していた。さらに農耕社会となり，同じ地域で暮らす人たちが相互扶助（支えあい，助けあうこと）で家族のはたらきを補完するようになった。

その後，17世紀以降の近代国家の形成や18世紀後半から進展する産業革命を経て，イギリスなどの欧米諸国では，医療・教育・社会福祉の専門組織・機関が発展し，伝統的な家族のはたらきを代替するようになった。しかしながら，その歴史は支援を必要とする人たちの隔離・管理や保護から始まった。やがて社会福祉は，支援を必要とする人たちの自立支援や権利保障が重要な取り組みとなった。つまり，17世紀以降から現代に至る社会福祉の歴史は，病気，障害，経済的困窮，家族関係の問題などさまざまな生活課題をもつ人たちが「人間の権利」（Human Rights）を獲得するプロセスであったといえよう。

2 第2次世界大戦前の社会福祉——イギリスとアメリカ合衆国を中心に
（1）イギリスにおける社会福祉の歴史

日本が安土桃山時代から江戸時代に移行する17世紀初頭，イギリスでは経済的に困窮している人たちを対象とした「エリザベス救貧法」（1601年）が公布された。社会福祉の歴史上，「エリザベス救貧法」に基づく仕組みは，国家により税金（救貧税）を使って実施された先駆的な制度に位置づけられる。し

かしながら,「エリザベス救貧法」は経済的に困窮している人たちを隔離・管理し,社会を安定させること(治安維持)が目的であった。

18世紀後半より始まった産業革命は,富裕層と貧困層の経済的格差を広げ,ロンドンを中心とした都市部には路上生活をおくる女性や子どもが増加していた。そのような社会状況に対処する新たな法律として,ワークハウス(労働能力のない人たちを収容する施設)などを規定した「ギルバート法」(1782年)や低所得者層の賃金補助を目的とした「スピーナムランド法」(1795年)が制定された。

19世紀に入ると「エリザベス救貧法」の代わりとなる「新救貧法」(1834年)が制定された。一方,当時のイギリスには慈善活動(charity)を行う富裕層もいた。しかしながら,彼らの活動は統一感がなく,お互いの連携も希薄だった。そこで1869年,慈善活動の組織化・効率化を図る「慈善救済組織化および乞食抑制のための協会」(Society for Organizing Charitable Relief and Repressing Mendacity)が設立された。同協会は1年後に「慈善組織協会」(The Charity Organization Society:COS)と名称変更されたが,支援対象の人たちを分類し,「救済に値する貧民」を慈善活動の対象としていた。つまり「慈善組織協会」は貧困を個人の問題(生活様式や生活習慣)と考えていた。

19世紀後半の1880年代,イギリスの都市部で貧困層の人たちを支援するセツルメント活動が始まった。活動の担い手である中産階級の人たち(大学や教会の関係者など)は,貧困を社会の問題(雇用条件や生活環境など)と考えており,貧困層の人たちの生活を支援するだけでなく,居住環境の改善や社会制度の改革を推進する運動も行った。

20世紀初め,失業保険や医療保険を柱とする「国民保険法」(1911年)が制定された。この法律は,救貧対策(貧困状態からの救済)主体であったイギリスの社会福祉が部分的ながらも防貧対策(社会保険制度による貧困状態の予防)に移行したことを示している。

さらに第2次世界大戦中の1942年,経済学者のベヴァリッジ(Beverige, W.

H.）は「社会保険および関連サービス」（ベヴァレッジ報告）において「ゆりかごから墓場まで（From the Cradle to the Grave）」のスローガンを掲げ，窮乏・疾病・無知・陋隘（不潔）・怠惰（無為）の5巨大悪に対する社会保障を提唱した。ベヴァリッジが示した社会保障の考え方や枠組みは，後述する第2次世界大戦後の福祉国家構想に多大な影響を与えた。

（2） アメリカ合衆国における社会福祉の歴史

　1607年，イギリスからの移住者たちが北米大陸の東海岸（現在のアメリカ合衆国バージニア州）に最初の永続的植民地を建設した。「エリザベス救貧法」が公布された6年後のことである。その後，アメリカ合衆国（以下「アメリカ」という）は1776年にイギリスからの独立を宣言し，幾多の戦乱や領土拡張を経て現在の国土となった。

　はるか昔から北米大陸で生活していたネイティブ・アメリカンの人たち，先祖が奴隷として連れてこられたアフリカ系アメリカンの人たち，そして諸外国から移住してきた人たちは，独自の文化・言語・価値観をもっている。そこでアメリカの社会福祉は，多種多様な民族が同じ国民として生活するための支援や組織づくりに取り組んできた。

　イギリスに「慈善組織協会」（以下「COS」という）が設立された8年後の1877年，アメリカに最初のCOSが設立された。その後，1881年には国内10都市にCOSが設立され，1900年代初頭には約140のCOSが国内の主要都市で活動していた。イギリスのCOSは中央委員会の下に地区委員会を設置する形で発展したが，アメリカのCOSは慈善活動の指導・調整・組織化，中央登録所の設置，自立促進のための有給職員やボランティアによる友愛訪問などを実施した。このようなCOSの実践は，ソーシャルワークの援助技術（ケースワークやコミュニティ・オーガニゼーション）を生み出す契機となった。

　また，アメリカでは1886年に最初のセツルメントが設立され，20世紀に入ると400ヵ所に増加した。アメリカのセツルメントは，諸外国からの移住者が社会に適応できるよう支援するため，教育，保育，クラブ活動の拠点となっ

た。さらにセツルメントは，社会改良運動や女性解放運動を展開し，社会保障制度の整備促進に大きな役割を果たした。

アメリカ国内で数多くのセツルメントが活動していた1905年,「マサチューセッツ総合病院」のキャボット医師（Cabot, R. C.）は外来患者の相談援助を行うソーシャルワーカーを雇用した。「マサチューセッツ総合病院」で実践されたソーシャルワークは，医療と社会福祉を結びつける病院社会事業（Hospital-based Social Work）の先駆的な取り組みである。

1929年の株価暴落に端を発する世界大恐慌は，アメリカ国民の生活を圧迫した。そこで当時の民主党政権は，政府が経済に介入・統制するニューディール政策の一環として「社会保障法」（Social Security Act）を制定した。この法律により，アメリカでは，年金保険，失業保険，公的扶助，母子保健サービス，児童福祉サービスの制度化が進んだ。

3 第2次世界大戦後の社会福祉
(1) 福祉国家の誕生と変容

第2次世界大戦後，イギリスなどのヨーロッパ諸国は，社会保障（公的扶助，社会保険，医療，公衆衛生，社会福祉サービス）の各種政策，住宅政策，教育政策，完全雇用政策による福祉国家を目指した。その契機は前述した「社会保険および関連サービス」（ベヴァレッジ報告）である。特に北欧諸国（スウェーデン，デンマーク，ノルウェーなど）は，イギリスの取り組みを発展・拡充させた政策（充実した社会保障，積極的な完全雇用政策，原則無料の教育制度，労働者の政策・経営への参加など）を推進した。

しかしながら，1970年代のオイルショックを契機に福祉国家の課題（政府組織の巨大化や財政の過重負担など）が表面化し，北欧諸国以外の国々は政策方針の見直しを図った。その代表例は，戦後いち早く社会保障政策と完全雇用政策を導入したイギリスである。

1979年以降，サッチャー政権は「失業・貧困の原因は国民の自助努力を阻

害する福祉給付やサービスである」という考え方に基づき，社会保障・雇用政策（サービス提供の民営化，利用者の自己負担増，雇用よりも経済を優先するなど）を推進した。その結果，国民の社会的格差が広がったため，1997年に登場したブレア政権は「失業・貧困の原因は一部の国民に対する社会的排除である」という考え方に基づき社会保障・雇用政策を推進した。

　一方，アメリカの社会保障は，原則として個人の生活に干渉しないという方針が重視され，民間部門（企業や非営利組織）がサービス提供の主体である。たとえば政府の医療保障制度は対象が高齢者・障害者・低所得者に限定されている。そのため，多くの国民は民間医療保険に加入し，支払い可能な保険料額が医療サービスの質を左右することもある。

(2) 保護から自立支援・権利保障へ

　19世紀後半から始まったイギリスのセツルメント活動では，支援を必要とする人たちの保護だけでなく自立支援が重視された。また，前述した社会保障制度の発展も自立支援の促進を包含している。その後，20世紀に入ると支援を必要とする人たちの「人間の権利」も保障されるようになった。このような権利保障の推進では「国際連合」（United Nations）などの国際組織が重要な役割を担っている。

　たとえば子どもたちの場合，1924年に「国際連盟」が「児童の権利宣言（ジュネーブ宣言）」を採択した。そして第2次世界大戦後の1959年には国際連合が「児童の権利宣言」を採択し，1989年に「児童の権利に関する条約（子どもの権利条約）」を採択した。

　また，障害のある人たちの権利保障では，1948年に国際連合の総会で採択された「世界人権宣言」がある。この宣言は，障害の有無にかかわらずすべての人が生活保障の権利をもっていることを明示した。さらに国際連合は1971年に「知的障害者の権利宣言」を採択し，1975年に「障害者の権利宣言」を採択した。そして1982年に国際連合は「障害者に関する世界行動計画」を採択し，ノーマライゼーション（障害のある人も地域で暮らすことが当たり前の社

会を目指す考え方）に基づく「完全参加と平等」を掲げた。

第2節　日本の社会福祉の歴史

1　第2次世界大戦前の社会福祉の歴史
（1）古代から近世の歴史

　伝統的な家族のはたらきが十分でない状況の人たちは，はるか昔の時代から存在し，日本においても国の統治者や僧侶，篤志家（現在のボランティアに近い人たち）が支援した。たとえば奈良時代に皇族が設けた悲田院・施薬院（親族もなく困窮した人たちや子どもを収容した救護・医療施設），鎌倉時代に僧侶の忍性が取り組んだ支援活動などである。

　また，江戸時代には高齢者の人たちを支援する「養老扶持制度」が金沢藩，会津藩，米沢藩に設けられた。さらに1791（寛政3）年，老中の松平定信は江戸市中に「町会所」を設置した。「町会所」は地主階級から集めた「七分積金」を財源とし，「備荒貯穀」（災害に備えた米穀の貯蔵）や「窮民救恤」（生活に困窮している人たちの支援）を行う救済事業の拠点であった。「町会所」は明治維新後の1872（明治5）年5月まで続き，廃止後に残った「七分積金」は「東京営繕会議所」（現在の「東京商工会議所」の前身）が管理することとなった。

（2）明治・大正期の状況——慈善事業から社会事業へ

　1872年10月，ロシア大公の訪日を控えた政府は，路上生活者の人たち240名を本郷加賀藩上屋敷空き長屋（現在の東京大学構内）に収容した。翌年の1873（明治6）年2月，上野に移転した施設は「東京営繕会議所」が運営する「東京府養育院」となり，1889（明治22）年1月以降は東京市が運営する「東京市養育院」となった。

　1896（明治29）年3月，大塚辻町（現在の東京都豊島区内）に移転した「東京市養育院」は，看護師・保育士の養成，ハンセン病患者や肺結核患者の隔離治療，障害児教育，虚弱児の保養，路上生活児の救護・養育など多様な事業を実

施した。しかし,「東京市養育院」の運営は1874(明治7)年公布の「恤救規則」(親族・近隣住民の扶助を重視した救貧制度)が基盤であった。

　明治期以降の日本における社会福祉は,1929(昭和4)年の「救護法」制定まで「恤救規則」しか法律がなかった。そのため,当時は慈善事業家や篤志家,仏教やキリスト教の関係者(個人・団体)が支援の担い手であった。また,皇室の下賜金で設立された恩賜財団(済生会,慶福会,愛育会など)は,医療・福祉の拠点として重要な役割を担ってきた。

　1908(明治41)年10月,慈善救済事業の発展と関係者(個人・団体)の連携を図るため「中央慈善協会」が設立された。さらに1921(大正10)年3月,「中央慈善協会」は「社会事業協会」(後年の中央社会事業協会)に改称された。この組織名称の変更は,日本における社会福祉の歴史的な特徴が慈善事業から,1920年代には社会事業に変容したことを示している。

　第1次世界大戦が終結し,社会事業という言葉が社会福祉に変わり一般化した。日本国内で米騒動が勃発した1918(大正7)年,現在の民生委員・児童委員(国の法律で活動が定められたボランティア)のルーツともいえる「東京府慈善協会救済委員」と「大阪府方面委員」(以下,両者および類似する委員を「方面委員」という)が創設された。その後,各地で方面委員を創設する動きが広まり,1928(昭和3)年,47道府県のすべてに方面委員が設置された。方面委員は商業従事者や公務員(警察官を含む)などが多く,担当地域内で支援を必要とする人たちの状況や生活課題を把握し,課題解決に向けた方策や関係機関との連絡調整を担っていた。

(3) 昭和初期から終戦までの状況——社会事業から戦時厚生事業へ

　1932(昭和7)年より施行された「救護法」および1937(昭和12)年に公布された「軍事扶助法」と「方面委員令」は,方面委員の活動が国の法律で規定される契機となった。また,「救護法」が施行された1932年に日本は国際連盟を脱退し,戦時国家への道を加速させた。さらに「軍事扶助法」と「方面委員令」が公布された1937年は,日中戦争が勃発した年でもある。そのような時

勢に沿って，方面委員は従来の支援活動だけでなく「救護法」の生業扶助や「軍事扶助法」の軍事扶助も担うようになった。

1938（昭和13）年，内務省社会局が厚生省（現：厚生労働省）に組織改編され，「社会事業法」と「国家総動員法」も制定された。その後，日本が敗戦する1945（昭和20）年までの間，社会事業は医療・保健事業とともに戦争に役立つ人的資源の維持培養・保護育成を目的とした国家管理が進められた。このように1930年代以降の社会事業は戦時国家の制度・政策が基盤であり，社会福祉の歴史上，戦時厚生事業とよばれている。

2　第2次世界大戦後の社会福祉の歴史
(1)　敗戦後の社会福祉——公的責任の原則

敗戦後の日本は，連合国軍最高司令官総司令部（GHQ）の指令を日本政府が実施する間接統治で新たな国づくりを進めていた。具体的には，婦人参政権の確立，労働組合法の制定，教育制度改革，経済の民主化，農地改革などである。大正期から活動している方面委員は1946（昭和21）年の「民生委員令」により委員名が改称された。

社会福祉の分野では生活困窮者の支援が喫緊の課題であり，日本国憲法が施行される前年の1946年，旧「生活保護法」が公布・施行された。この法律は戦前の「救護法」を基盤としており，民生委員（旧方面委員）が行政の「補助機関」（実質的に生活保護業務を担う役割）に位置づけられていた。その後，1950（昭和25）年に現「生活保護法」が制定され，民生委員の位置づけは行政の「協力機関」（福祉事務所の生活保護業務に協力するという役割）に変容した。

日本国憲法が施行された1947（昭和22）年には「児童福祉法」が公布され，戦前の「中央社会事業協会」は「日本社会事業協会」に改称した。その後，「日本社会事業協会」は二度の組織改編を経て，1955（昭和30）年，現在の「全国社会福祉協議会」に改称された。

「生活保護法」や「児童福祉法」以外の社会福祉に関する法律は，1949（昭

和24）年に「身体障害者福祉法」，1960（昭和35）年に「精神薄弱者福祉法」（現「知的障害者福祉法」），1963（昭和38）年に「老人福祉法」，1964（昭和39）年に「母子福祉法」（現「母子及び父子並びに寡婦福祉法」）が制定され，社会保険（国民皆年金体制など）や医療・公衆衛生（国民皆保険体制など）とともに日本は西欧諸国の福祉国家に匹敵する社会保障制度を確立した。そのような日本の社会保障制度を支えている考え方が公的責任の原則である。

1945年末から1946年2月にかけて，連合国軍最高司令官総司令部（GHQ）と日本政府が生活保護を中心とする社会福祉制度の調整を進めていた。その結果，日本政府の方針に対して連合国軍最高司令官総司令部が提示した条件のひとつが公的責任の原則である。この原則は，生活困窮者の人たちの最低生活の保障が政府の責任であることを明示した。その後，1951（昭和26）年に「社会福祉事業法」が制定され，公的責任の原則は同法が定める第一種社会福祉事業（経営安定を通じた利用者の保護の必要性が高い事業）にも適用された。

「社会福祉事業法」の制定以降，政府は民間事業者（行政および社会福祉法人）への措置委託を制度化した。そのような仕組みを措置制度という。

（2） 公的責任の後退と地域福祉の推進

2000（平成12）年，「社会福祉事業法」は「社会福祉法」に改称され，法律の内容も大幅に変わった。とりわけ重要な特徴は，① 利用者による選択の尊重，② サービスの効率化，③ 地域福祉の推進である。このうち，利用者による選択の尊重は，1995（平成7）年に厚生省（現：厚生労働省）社会保障制度審議会が公表した「社会保障体制の再構築（勧告）」（以下「勧告」という）において「社会保障の給付が，供給者の意向でなく，利用者の必要や考えに添って行われるよう，制度を構築し運営していかなければならない。（中略）利用者が自分で選択してサービスが受けられるようにすることが大事であり，この観点からも現在の社会福祉制度における措置制度を見直すことが求められている」[1]と記されている。

また，サービスの効率化について勧告は「民間の活動が国民のニーズに合っ

たサービスを提供し，より効率的に行うものであれば，規制緩和を含めて競争条件を整え，積極的にこれらの民間サービスを活用していく必要がある」と記し，地域福祉の推進については「旧来のコミュニティは崩れつつあるとしても，現代社会にふさわしい新しい社会連帯による地域における福祉の推進が望まれる」と提唱している。

このように「社会福祉法」は，公的責任の原則に基づく措置制度を見直し，政府——民間事業者（社会福祉法人，企業，NPO法人など）——地域住民（相互扶助による支援者）——支援を必要とする人たち（自己選択・自己決定・自己責任によるサービス利用）という新たな社会福祉の仕組みを示している。

〈注〉
1) 厚生省社会保障制度審議会「社会保障体制の再構築（勧告）」厚生省，1995年，pp.10-11
2) 同上書，p.9
3) 同上書，p.18

〈参考文献〉
池田敬正『日本における社会福祉のあゆみ』法律文化社，1994年
右田紀久恵ほか編『社会福祉の歴史―政策と運動の展開（有斐閣選書）』有斐閣，2001年
金子光一『社会福祉のあゆみ（有斐閣アルマ）』有斐閣，2005年
菊池正治ほか編『日本社会福祉の歴史付・史料（改訂版）』ミネルヴァ書房，2014年
松村祥子『欧米の社会福祉の歴史と展望』放送大学教育振興会，2011年
吉田久一・岡田英己子『社会福祉思想史入門』勁草書房，2000年

第4章

社会福祉の法律と行政組織

第1節　社会福祉の法律

1　社会福祉法

　社会福祉を目的とする事業の全分野における共通的基本事項を定め，社会福祉を目的とする他の法律と相まって，福祉サービスの利用者の利益の保護及び地域における社会福祉の推進を図るとともに，社会福祉事業の公明かつ適正な実施の確保及び社会福祉を目的とする事業の健全な発達を図り，社会福祉の増進に資することを目的としている（第1条）。

　地方社会福祉審議会，福祉事務所，社会福祉主事，指導監督及び訓練，社会福祉法人，社会福祉事業，福祉サービスの適切な利用，社会福祉事業に従事する者の確保の促進，地域福祉の推進などが定められている。社会福祉事業は第1種と第2種に分けられる。第1種社会福祉事業は，入所施設利用者の人格に関わる影響が大きいなどの理由から，運営主体を国・地方公共団体などの行政と社会福祉法人を原則としている。これらの者が第1種社会福祉事業を行うには，都道府県知事等への届出が必要である。たとえば障害者支援施設の設置・運営が第1種社会福祉事業に該当する。第2種社会福祉事業は，在宅サービス，相談，物品の給付などであり，第1種社会福祉事業に比し利用者への影響が少ないため主体に制限は加えられていない。たとえば，生計困難者のための無料低額診療事業がある。

2 福祉六法

　福祉六法とは,「児童福祉法」「身体障害者福祉法」「生活保護法」「知的障害者福祉法」「老人福祉法」「母子及び父子並びに寡婦福祉法」の6つの法律のことである。

(1) 児童福祉法

　福祉の保障,事業及び施設,費用などについて定められている。第1条は児童福祉の原理を定め「すべて国民は児童が心身ともに健やかに生まれ且つ育成されるよう努めなければならない。すべて児童はひとしくその生活を保障され,愛護されなければならない」とする。第2条は,国及び地方公共団体の責任について規定し「児童の保護者とともに,児童を心身ともに健やかに育成する責任を負う」と定めている。第3条は原理の尊重を定め,第1条・第2条の規定が,児童の福祉を保障するための原理であり「すべて児童に関する法令の施行にあたって,常に尊重されなければならない」として,この法律が児童福祉の基本法であることを謳っている。

(2) 身体障害者福祉法

　「障害者の日常生活及び社会生活を総合的に支援するための法律」(障害者総合支援法)と相まって,身体障害者の自立と社会経済活動への参加を促進するため,身体障害者を援助し,及び必要に応じて保護し,もって身体障害者の福祉の増進を図ることを目的としている(第1条)。更生援護,事業及び施設,費用などが定められている。なお,障害福祉サービスにおける給付規定は障害者総合支援法に移行されている。

(3) 生活保護法

　保護の原則,保護の種類及び範囲,保護の機関及び実施,保護の方法,保護施設,医療機関,介護機関及び助産機関,被保護者の権利及び義務,不服申立て,費用などを定めている。「日本国憲法」第25条に規定する理念に基づき,国が生活に困窮するすべての国民に対し,その困窮の程度に応じ,必要な保護を行い,その最低限度の生活を保障するとともに,その自立を助長することを

目的としている（第1条）。なお，生活保護には3つの原理（無差別平等，最低生活，保護の補足性）と4つの原則（申請保護，基準及び程度，必要即応，世帯単位）がある。

（4） 知的障害者福祉法

「障害者総合支援法」と相まって，知的障害者の自立と社会経済活動への参加を促進するため，知的障害者を援助するとともに必要な保護を行い，知的障害者の福祉を図ることを目的としている（第1条）。

実施機関及び更生援護，事業及び施設，費用などが定められている。なお，障害福祉サービスの給付の規定は障害者総合支援法に移行されている。

（5） 老人福祉法

老人の福祉に関する原理を明らかにするとともに，老人に対し，その心身の健康の保持及び生活の安定のために必要な措置を講じ，老人の福祉を図ることを目的としている（第1条）。

福祉の措置，事業及び施設，老人福祉計画，費用，有料老人ホームなどの規定からなる。

（6） 母子及び父子並びに寡婦福祉法

母子家庭等及び寡婦の福祉に関する原理を明らかにするとともに，母子家庭等及び寡婦に対し，その生活の安定と向上のために必要な措置を講じ，母子家庭等及び寡婦の福祉を図ることを目的としている（第1条）。基本方針，母子家庭に対する福祉の措置，父子家庭に対する福祉の措置，寡婦に対する福祉の措置，福祉資金貸付金に関する特別会計，母子・父子福祉施設，費用などの定めがある。

2014（平成26）年4月の「次代の社会を担う子どもの健全な育成を図るための次世代育成支援対策推進法等の一部を改正する法律」成立に伴い，2014年10月にこれまでの「母子及び寡婦福祉法」から改題された。従来からも父子家庭への支援がなされてきたが，経済的に厳しい状況にある父子家庭も少なくない。福祉資金貸付を父子家庭も借りることができるようにするため父子福祉

資金が設けられたほか，母子自立支援員や母子福祉団体についても，父子家庭が法律上もそれらの支援対象とされ，それぞれ母子・父子自立支援員と母子・父子福祉団体と改称された。

③ 関連する法律
（1） 障害者基本法
　全ての国民が，障害の有無にかかわらず，等しく基本的人権を享有するかけがえのない個人として尊重されるものであるとの理念にのっとり，全ての国民が，障害の有無によって分け隔てられることなく，相互に人格と個性を尊重し合いながら共生する社会を実現することを目指している。このため障害者の自立及び社会参加の支援等のための施策に関し，基本原則を定め，国・地方公共団体等の責務を明らかにするとともに，障害者の自立及び社会参加の支援等のための施策の基本となる事項を定めること等により，障害者の自立及び社会参加の支援等のための施策を総合的かつ計画的に推進することとしている（第1条）。

（2） 精神保健及び精神障害者福祉に関する法律（精神保健福祉法）
　精神障害者の医療及び保護を行い「障害者の日常生活及び社会生活を総合的に支援するための法律」と相まってその社会復帰の促進及びその自立と社会経済活動への参加の促進のために必要な援助を行い，精神障害の発生の予防その他国民の精神的健康の保持及び増進に努めることによって，精神障害者の福祉の増進及び国民の精神保健の向上を図ることを目的としている（第1条）。

（3） 障害者の日常生活及び社会生活を総合的に支援するための法律（障害者総合支援法）
　「障害者基本法」の基本的な理念にのっとり，「身体障害者福祉法」「知的障害者福祉法」「精神保健及び精神障害者福祉に関する法律」「児童福祉法」その他障害者及び障害児の福祉に関する法律と相まって，障害者及び障害児が基本的人権を享有する個人としての尊厳にふさわしい日常生活又は社会生活を営む

ことができることを目指している。必要な障害福祉サービスに係る給付，地域生活支援事業その他の支援を総合的に行い，障害者及び障害児の福祉の増進を図るとともに，障害の有無にかかわらず国民が相互に人格と個性を尊重し安心して暮らすことのできる地域社会の実現に寄与することを目的としている（第1条）。自立支援給付，地域生活支援事業，事業及び施設，障害福祉計画などについて規定している。

（4） 介護保険法

加齢に伴って生ずる心身の変化に起因する疾病等により要介護状態となり，入浴，排せつ，食事等の介護，機能訓練並びに看護及び療養上の管理その他の医療を要する者等が尊厳を保持し，有する能力に応じ自立した日常生活を営むことができることを目指している。必要な保健医療サービス及び福祉サービスに係る給付を行うため，国民の共同連帯の理念に基づき介護保険制度を設け，その行う保険給付等に関して必要な事項を定め，国民の保健医療の向上及び福祉の増進を図ることとしている（第1条）。介護保険制度は，被保険者の要介護状態又は要支援状態に関し，必要な保険給付を行う（第2条）。

（5） 地域保健法

地域保健対策の推進に関する基本指針，保健所の設置その他地域保健対策の推進に関し基本となる事項を定めることにより，「母子保健法」その他の地域保健対策に関する法律による対策が地域において総合的に推進されることを確保し，地域住民の健康の保持及び増進に寄与することを目的としている（第1条）。1994（平成6）年に「保健所法」から「地域保健法」に改題された。

（6） 母子保健法

母性並びに乳児及び幼児の健康の保持及び増進を図るため，母子保健に関する原理を明らかにするとともに，母性並びに乳児及び幼児に対する保健指導，健康診査，医療その他の措置を講じ，国民保健の向上に寄与することを目的としている（第1条）。

(7) 民生委員法

民生委員は社会奉仕の精神をもって，常に住民の立場に立って相談に応じ，及び必要な援助を行い，社会福祉の増進に努めることを任務としている（第1条）。民生委員は，市（特別区を含む）町村の区域に置かれる（第3条）。都道府県知事の推薦によって，厚生労働大臣が委嘱する（第5条）。無給であり，児童委員を兼務している。

第2節　社会福祉の行政組織

1　国の行政組織

(1) 厚生労働省

厚生労働省は，社会保障や医療に関する政策を企画立案し，予算を執行する中央官庁である。厚生労働省の前身は，戦前の内務省社会局や衛生局である。準戦時体制下の1938（昭和13）年に健兵健民政策推進のため厚生省が設置された。戦後の1947（昭和22）年，厚生省より労働省が分離した。1948（昭和23）年，厚生省の外局として引揚援護庁が設置された（現在の社会・援護局の前身である）。また，1962（昭和37）年には厚生省の外局として社会保険庁が設置された。その後，行政組織のスリム化などを目的とする中央省庁再編により，2001（平成13）年，厚生省および労働省は再統合され厚生労働省が設置された。なお，社会保険庁の健康保険業務は2008（平成20）年に全国健康保険協会に移され，2010（平成22）年には年金業務も日本年金機構に移管され社会保険庁は廃止された（このとき船員保険業務も全国健康保険協会に移管された）。社会保険庁が担っていた行政事務の一部は本省の保険局・年金局や地方厚生局に移管された。

本省には，大臣官房，医政局，健康局，医薬食品局，労働基準局，職業安定局，職業能力開発局，雇用均等・児童家庭局，社会・援護局，老健局，保険局，年金局があり，他に政策統括官もある。

第4章　社会福祉の法律と行政組織

社会福祉に関係する内部部局には以下のようなものがある。

1）社会・援護局

社会・援護局は，総務課，保護課，地域福祉課，福祉基盤課，援護企画課，援護課，業務課からなる。福祉事務所や社会福祉法人，社会福祉事業に携わる職員の確保など社会福祉の各分野に共通する制度・政策の企画立案や運営を行う。そのほか，生活保護や消費生活協同組合，最近ではホームレス対策なども含め福祉に関連する広範な施策を扱っている。また戦没者の追悼，戦傷病者・戦没者遺族への医療や年金の給付，引揚者や未帰還者家族に関する業務，いわゆる中国残留日本人孤児に関する援護なども担当している。

また同局内の障害保健福祉部には，企画課，障害福祉課，精神・障害保健課がある。障害者福祉に関する法令を所管し障害者の自立と社会参加の促進を図っている「障害者総合支援法」に基づく障害福祉サービスや地域生活支援事業の企画立案や推進のほか，障害者の生活を支援するための各種事業，文化活動の推進などを展開している。なお障害者スポーツに関する業務は文部科学省の外局として新設予定のスポーツ庁に移管される予定である。

2）老健局

老健局は総務課，介護保険計画課，高齢者支援課，振興課，老人保健課からなる。老人福祉一般のほか，介護保険制度の円滑な運営や認知症対策，また高齢者に対する保健事業なども含め総合的な高齢者保健福祉施策の企画立案をしている。

3）雇用均等・児童家庭局

雇用均等・児童家庭局は，総務課，雇用均等政策課，職業家庭両立課，短時間・在宅労働課，家庭福祉課，育成環境課，保育課，母子保健課からなる。中央省庁再編前の厚生省児童家庭局と労働省女性局が旧省を横断して統合された局である。

児童の保育・養護・虐待防止，児童文化の向上，妊産婦などの母子福祉・母子保健，母子家庭や寡婦に関することなどを所管している。労働福祉に関する

政策とあわせ，児童・母子福祉分野も一体的に施策の企画立案を行っている。

4）保険局と年金局

保険局は，健康保険や船員保険，国民健康保険などの医療保険や後期高齢者医療制度の企画立案を行っている。年金局は，厚生年金保険・国民年金などの公的年金や，企業年金に関する企画立案を行うとともに，公的年金の年金積立金の管理運用を行っている。

5）施設等機関・地方支分部局

施設等機関として，国立ハンセン病療養所，国立更生援護機関（国立児童自立支援施設，国立障害者リハビリテーションセンター），国立社会保障・人口問題研究所，国立感染症研究所，国立保健医療科学院，国立医薬品食品衛生研究所，検疫所がある。また地方支分部局として，地方厚生（支）局，都道府県労働局，労働基準監督署，公共職業安定所がある。

（2）審議会

国の審議会は，厚生労働大臣からの諮問について審議し，答申する。厚生労働行政について専門性を発揮しつつ国民の視点に立って幅広い見地から行政に意見を反映させる役割がある。なかでも社会保障審議会は，社会保障制度全般に関する基本事項や各種の社会保障制度のあり方について審議・調査し，意見を答申する。2001年の中央省庁再編に伴い社会保障・社会福祉関連の8審議会（人口問題審議会・厚生統計協議会・医療審議会・中央社会福祉審議会・身体障害者福祉審議会・中央児童福祉審議会・医療保険福祉審議会・年金審議会）を統合改組し設置された。統計・医療・福祉文化・介護給付費・医療保険保険料率などの分科会が置かれている。また，医療保険部会・年金部会・障害者部会・介護保険部会等の部会が置かれている。

審議会の委員には，一般的に財界・労働界・職能団体を出身母体とする者や学識経験者・利害関係者等が任命されている。

（3）独立行政法人福祉医療機構

独立行政法人福祉医療機構は，社会福祉事業施設及び病院，診療所等の設置

等に必要な資金の融通並びにこれらの施設に関する経営指導，社会福祉事業に関する必要な助成，社会福祉施設職員等退職手当共済制度の運営，心身障害者扶養保険事業等を行い，福祉の増進並びに医療の普及及び向上を図ることを目的としている。あわせて，厚生年金保険制度及び国民年金制度に基づき支給される年金たる給付の受給権を担保として小口の資金の貸付けを行っている（「独立行政法人福祉医療機構法」第3条）。

(4) 日本年金機構

日本年金機構は，日本年金機構法に定める業務運営の基本理念に従い，厚生労働大臣の監督の下に，厚生労働大臣と密接な連携を図りながら，政府が管掌する厚生年金保険事業及び国民年金事業（政府管掌年金事業）に関し，「厚生年金保険法」及び「国民年金法」の規定に基づく業務等を行うことにより，政府管掌年金事業の適正な運営並びに厚生年金保険制度及び国民年金制度（政府管掌年金）に対する国民の信頼の確保を図り，国民生活の安定に寄与することを目的として設置されている（「日本年金機構法」第1条）。

(5) 全国健康保険協会

健康保険組合の組合員でない被保険者に係る健康保険事業を行うため，全国健康保険協会が設けられている。業務は健康保険に関する①保険給付及び日雇特例被保険者に係る保険給付，②保健事業及び福祉事業，③日雇特例被保険者の保険の事業などや船員保険事業に関する業務のほか，高齢者の医療の確保に関する法律の規定による前期高齢者納付金等・後期高齢者支援金等，さらには介護保険法の規定による納付金（介護納付金）の業務等（「健康保険法」第7条の2）である。

2 地方公共団体

都道府県・市町村には福祉行政を主管する局，部や課，係がある。地方公共団体の規模に応じて，福祉行政に関して，都道府県であれば民生部・保健福祉部，市町村であれば民生課・社会福祉課などの組織が置かれている。近年は保

健・医療行政と一体化して福祉施策が実施されている団体も少なくない。また，地方公共団体には社会保険や労働あるいは未帰還者・留守家族対策など広義の社会保障を主管する組織もあり，それらを合わせて一体的に福祉の向上を図っている。なお，国と同様に福祉に関する各種の審議会もおかれている。たとえば都道府県には地方社会福祉審議会（「社会福祉法」第7条），児童福祉審議会（「児童福祉法」第8条），地方精神保健福祉審議会（「精神保健福祉法」第9条）などが置かれている（必置のものと任意設置のものがある）。

　地方公共団体の事務には自治事務のほか，法律で国や他の地方公共団体の事務を処理することとされる法定受託事務があり，社会福祉分野においても同じである。生活保護，児童扶養手当，障害児福祉手当，特別障害者手当の実施事務は法的受託事務である。同じ生活保護に関する事務でも，自立助長は自治事務である。

（1）　福祉事務所

　都道府県及び市（含・特別区）は，条例で福祉に関する事務所（福祉事務所）を設置しなければならない（「社会福祉法」第14条1項）。町村は，条例で福祉事務所を設置することができる（同法第14条3項）。一部事務組合又は広域連合を設けて，福祉事務所を設けることもできる（同法第14条4項）。福祉事務所は2014年4月現在，全国で1,247ヵ所ある。うち町村設置は43ヵ所で，中国地方が37ヵ所を占める。福祉事務所は，「生活保護法」「児童福祉法」「母子及び父子並びに寡婦福祉法」「老人福祉法」「身体障害者福祉法」「知的障害者福祉法」に定める援護・育成・更生の措置に関する事務をつかさどる（社会福祉法第14条5項・6項）。ただし，「老人福祉法」「身体障害者福祉法」「知的障害者福祉法」に関する事務は市町村が行う。つまり都道府県が設置する福祉事務所は，「生活保護法」「児童福祉法」「母子及び父子並びに寡婦福祉法」に関する事務を所管する。福祉事務所には，長及び置くべき所員が定められている（「社会福祉法」第15条）。福祉事務所長は都道府県知事または市町村長（含・特別区長）の指揮監督の下で所務を掌理する。現業を行う所員は所長の指揮監督

をうけて，援護，育成・更生の措置を要する者等の家庭を訪問するなどして面接し，本人の資産・環境等を調査し，保護その他の措置の必要の有無及びその種類を判断し，本人に対し生活指導を行うなどの事務をつかさどる。庶務を扱う事務職もいる。このうち，指揮監督を行う所員と現業を行う所員は，社会福祉主事でなければならない。現業を行う所員の数は，福祉事務所管内の被保護世帯数により標準が定められている。

(2) 家庭児童相談室

福祉事務所には，家庭や児童の福祉に関する相談に応じることなどを目的として家庭児童相談室が置かれている。1964 (昭和39) 年の厚生労働省通達「家庭児童相談室の設置運営について」に基づいている。児童福祉法改正により，2005 (平成17) 年4月から，市町村の業務に児童家庭相談に応じることが明記された。なお，この改正では児童相談所（都道府県）の主たる業務が専門性の高い困難なケースへの対応や市町村の後方支援として整理された。

(3) 児童相談所

児童相談所は，児童福祉に関する専門機関であり，すべての都道府県・政令指定都市に設置されている（「児童福祉法」第12条）。また，2006 (平成18) 年4月からは，中核市にも設置することができることになった。児童相談所は，児童に関するさまざまな問題について家庭や学校などからの相談に応じること，児童及びその家庭につき必要な調査並びに医学的・心理学的・教育学的・社会学的・精神保健上の判定を行うこと，児童及びその保護者につき調査または判定に基づいて必要な指導を行うこと，児童の一時保護を行うことなどを業務としている。相談業務は，養護相談・保健相談・心身障害相談・非行相談・育成相談に大きく分けられる。一時保護は一時保護所で行われ児童相談所に付置されている場合が多い。児童相談所は一時保護の間に施設などへの措置か家庭復帰かを判断する。

(4) 身体障害者更生相談所

都道府県（必置）・政令指定都市（任意設置）に置かれる。市町村からの委託

をうけて，身体障害者に対する専門的な相談・判定を行う（「身体障害者福祉法」第11条ほか）。心臓手術・人工関節置換術・人工透析・抗HIV療法などの自立支援医療（更生医療）の要否判定を行うことや，義肢・装具・車いす・電動車いす・座位保持装置・重度障害者用意思伝達装置・補聴器など補装具の要否の判定や製作後の適合判定が主要な業務である。都道府県の出先機関等への巡回も行い，そこで一部の補装具の相談・判定・適合判定も行っている。

(5) 知的障害者更生相談所

都道府県（必置）・政令指定都市（任意設置）に置かれる。市町村が行う知的障害者福祉について，市町村相互間の連絡・調整や市町村への情報提供などを行っている。各市町村の区域を超えた広域的な見地から実情の把握に努めることや知的障害者に関する相談及び指導のうち専門的な知識及び技術を必要とするものを行っている（「知的障害者福祉法」第12条）。

(6) 保健所

「地域保健法」に基づいて，都道府県・政令指定都市・中核市・その他指定の市のほか特別区に置かれる。住民の健康の維持・増進を図る中心となる機関である。食品衛生や感染症対策・精神保健に関する業務のほか，母子・老人の保健行政の一部も所管している。市町村保健センターに比べて専門機関として特徴がある。保健所は，対人保健としては，広域的に行うべきものや感染症等対策・エイズ対策・難病対策・精神保健対策など専門性を要するものを行っている。食品衛生関係等の対物保健も実施している。また，市町村に必要な技術的援助を行っている。医師・歯科医師・薬剤師・獣医師・保健師などの職員が置かれる。

(7) 市町村保健センター

「地域保健法」第18条により市町村は市町村保健センターを設置することができる。保健所より身近な機関として，住民に対して健康相談・保健指導・健康診査など地域保健に関する必要な事業を行うことを目的とする機関である。保健センターは母子や老人に関する保健行政の地域における拠点である。

(8) 婦人相談所

　都道府県に設置される機関で，本来の業務は，性行又は環境に照らして売春を行うおそれのある女子（要保護女子）の早期発見，転落の未然防止及び保護更生の実施である（「売春防止法」第34条1項）。また近年，配偶者間での暴力に対する対応が求められている。このため「配偶者からの暴力の防止及び被害者の保護等に関する法律」（配偶者暴力支援法）に基づく配偶者暴力相談支援センターとして被害者に対する支援をあわせて行っていて，現在ではその機能が主要な役割をしめている。

(9) 精神保健福祉センター

　都道府県は，精神保健の向上及び精神障害者の福祉の増進を図るための機関を置く（「精神保健福祉法」第6条）。精神保健福祉センターは，①精神保健及び精神障害者の福祉に関する知識の普及を図り調査研究を行うこと，②精神保健及び精神障害者の福祉に関する相談及び指導のうち複雑または困難なものを行うこと，③精神医療審査会の事務を行うこと，④精神保健福祉手帳の申請に対する決定や「障害者総合支援法」に規定する支給認定（精神障害者関係）に関する事務のうち専門的な知識及び技術を必要とするものを行うこと，⑤「障害者総合支援法」により，市町村が支給の要否の決定を行うに当たり意見を述べること，⑥「障害者総合支援法」により市町村に対し技術的事項についての協力その他必要な援助を行うこと，などを業務としている。

(10) 社会福祉事業団

　1971（昭和46）年，地方公共団体が設置した社会福祉施設の受託経営を主たる事業目的とする社会福祉事業団等の設立及び運営の基準として各都道府県知事あて厚生省社会局長・児童家庭局長連名通知「社会福祉事業団等の設立及び運営の基準について」が出されている。地方公共団体が設置した社会福祉施設は，地方公共団体において自ら経営するほか，施設経営の効率化が図られる場合には，社会福祉法人組織により設立された社会福祉事業団に経営を委託することを可能とし，社会福祉事業団の設立・資産・役員・施設整備・委託料等に

関する基準を設けて公的責任の明確を期するとともに経営の合理化を図ることとしている。

③ その他の福祉機関および団体

行政組織ではないが，行政と一体になり社会福祉活動を展開している機関・団体がある。

（1） 社会福祉協議会

社会福祉協議会（社協）は「社会福祉法」に規定されている。中央機関として全国社会福祉協議会があり，さらに都道府県・市町村（特別区）ごとに組織されている。ひとつの行政単位にひとつの社会福祉協議会がある。また，小中学区を基礎とする地区社会福祉協議会が組織されている地域もある。民間団体であり，社会福祉活動を行う団体の連絡調整などのほか地域福祉の推進やボランティア活動の推進を図っている。その一方で，社会福祉協議会は財源の相当部分が行政からの委託金・負担金・補助金によってまかなわれており，自治体職員が社協の役員・幹部職員を兼ねている場合も少なくない。市町村社協は，介護保険法や障害者総合支援法に基づくサービス提供のほか自治体から委託された福祉サービス事業を営んでいる場合も多い。このため社協の収入の大部分をそれらが占めることもある。なお，都道府県・指定都市社協には福祉サービスの苦情を処理する機関として運営適正化委員会が置かれている。

（2） 共同募金会

共同募金は，都道府県の区域を単位として，毎年1回，厚生労働大臣の定める期間内（毎年10月1日から12月31日）に限ってあまねく行う寄付金の募集であって，区域内における地域福祉の推進を図るため，その寄付金をその区域内において社会福祉事業，更生保護事業その他の社会福祉を目的とする事業を経営する者に配分することを目的とするものである（「社会福祉法」第112条）。共同募金は，1947年に始まった。共同募金会は「社会福祉法」に基づき共同募金を行うことを目的とする団体であり社会福祉法人である。都道府県単位で

共同募金会が組織され，これらのとりまとめ及び連絡調整をする全国単位の機関として中央共同募金会がある。共同募金は市町村単位の共同募金支分会を通じての自治会単位での個別募金が占める割合が多い。

(3) 医療法人

病院，医師若しくは歯科医師が常時勤務する診療所又は介護老人保健施設を開設しようとする社団又は財団は，法人とすることができる。この法人を医療法人と称する（「医療法」第39条）。医療法人は，都道府県知事の認可をうけなければ設立することができない（「医療法」第44条）。医療法人のうち，一定の要件に該当するものとして，政令で定めるところにより都道府県知事の認定をうけたものは社会医療法人という（「医療法」第42条の2）。

〈参考文献〉
井村圭壯・相澤譲治編著『社会福祉の成立と課題』勁草書房，2012年
井村圭壯・相澤譲治編著『総合福祉の基本体系（第2版）』勁草書房，2013年
厚生労働省編『厚生労働白書（平成25年版）』2013年
社会福祉士養成講座編集委員会編集『福祉行財政と福祉計画（第4版）』中央法規，2014年

第5章

社会福祉の民間活動

第1節　社会福祉の民間活動とは

　都市部への人口集中と地方の過疎化が進み，核家族化・高齢化の急速な進行や地域社会の相互扶助機能の低下など，生活を取り巻く環境の急速な変化がみられる。このような変化に伴い福祉課題も深刻化・多様化・複雑化するなか，多様な福祉サービスの供給が期待されている。福祉サービスの供給が多元化するなかで，公的な福祉サービスでは対応が困難な福祉課題に対して民間活動への期待が高まっている。それらは，社会福祉協議会や社会福祉法人などの公益性・公共性が高い民間組織から，特定非営利活動法人（NPO法人），生活協同組合や農業協同組合，営利法人などの市場型サービス供給組織，各種ボランティア団体による福祉活動といったインフォーマルな組織や資源までさまざまである。

　これまで社会福祉のサービスは，従来の公的部門が直接供給するだけでなく民間組織や団体の活動によっても支えられてきた。1970年代には，営利法人による有料老人ホームなどのサービス提供がみられたが，社会福祉施設を運営する社会福祉法人や社会福祉協議会を除くと民間活動といえるものは地域で組織化されたボランティアグループによる活動ぐらいであった。1980年代に入ると高齢化社会を迎え在宅福祉サービスのニーズが顕在化するものの，財政削減から公的な訪問介護などが制限され，民間組織は公的サービスの補完的な役

割を果たしていった。1990（平成2）年には福祉関係八法改正によって，この在宅福祉サービスが法制化され，市町村における老人保健福祉計画の策定が義務化された。市町村単位で高齢者の在宅福祉サービスが計画的に整備されたことなどから，民間組織や団体の増加につながった。さらに，2000（平成12）年の社会福祉基礎構造改革の柱のひとつとして「多様な事業主体の参入促進」があげられ，介護保険制度をはじめ障害者総合支援制度や保育所などに社会福祉法人，営利法人，NPO法人などがサービス供給主体として参入できるようになった。

　民間活動は，先駆性・効率性・柔軟性・創造性といった特性を活かして社会福祉の発展に向けて多様な役割が期待されている。具体的には，① 地域住民の交流・学習・成長の場の提供，② 地域資源の有効活用や雇用の創出など地域の活性化と再生，③ サービス供給の多元化に向けた社会資源の開発，④ 政策形成プロセスへの参加および制度改善の要望，⑤ 既存の制度やサービスでは対応が難しい課題の発見と対応，⑥ 地域住民の権利擁護活動や当事者の組織化および社会参加に向けた支援などの役割があげられている。

第2節　社会福祉の民間活動の内容

1　社会福祉協議会

　社会福祉協議会（社協）は，地域住民や社会福祉関係者の参加により，地域の福祉推進の中核としての役割を担いさまざまな活動を行っている非営利の民間組織である。「社会福祉法」に基づきすべての都道府県・市町村に設置されている。社協は，市区町村社会福祉協議会（市区町村社協），都道府県社会福祉協議会（都道府県社協），全国社会福祉協議会（全社協）と，それぞれ独立した社会福祉法人として組織され，全国にネットワークをもつ。全社協は，これら社協の中央組織として全国各地の社協とのネットワークにより，福祉サービス利用者や社会福祉関係者の連絡・調整や活動支援，各種制度の改善への取り組

第5章 社会福祉の民間活動

みなど社会福祉の増進に努めている。社協の活動は多岐にわたり，①ボランティア活動に関する支援および普及活動，②住民のつながりの場の提供（ふれあいサロン・いきいきサロンなど），③小地域での見守りネットワークづくり，④民間福祉サービスの推進に向けた地域福祉活動計画の策定，⑤介護保険サービスの提供（訪問介護・通所介護など），⑥高齢者への生活支援サービス（食事サービス・入浴サービスなど），⑦障害者への生活支援サービス，⑧ひとり親家庭への支援，⑨地域の組織化（町内会・子ども会・クラブなど），⑩生活福祉資金の貸付や各種相談活動の実施，⑪日常生活自立支援事業などがある。

2 共同募金会

　共同募金とは，都道府県を単位として毎年1回，厚生労働大臣の定める期間内に限って行う寄付金の募集のことをいう。この共同募金を行う組織として，社会福祉法人である都道府県共同募金会とその連合体の中央共同募金会が組織されている。中央共同募金会は，赤い羽根をシンボルとする共同募金運動の全国的な企画，啓発宣伝，調査研究，都道府県共同募金会の支援などを行っている。都道府県共同募金会には，市区町村および都道府県ごとに支会や分会を組織し設置できる。これら支会や分会によって地域に密着した戸別募金などの募金活動が行われている。募金方法には，①戸別募金，②法人募金，③街頭募金，④学校・職域募金，⑤イベント募金，⑥歳末たすけあい募金，などがあり，それぞれの特性を生かした募金活動が行われている。共同募金の募金総額は2012（平成24）年では190億9,869万円となっており，高齢者福祉活動，障害者福祉活動，児童・青少年福祉活動，母子・父子福祉活動などに使用されている。

3 社会福祉法人

　社会福祉法人とは，「社会福祉法」において「社会福祉事業を行うことを目的として，この法律の定めるところにより設立された法人をいう」（第22条）

と規定されている。社会福祉法人には定款により社会福祉の目的や事業内容が位置づけられている民間社会福祉法人と，共同募金会や社会福祉協議会など事業が法的に位置づけられている法人がある。社会福祉法人の認可は都道府県知事（指定都市・中核市は市長）であり，設立には社会福祉事業に必要な施設，運営資金などを確保し，認可の際には社会福祉関係法が定める最低基準に応じた資産が準備されていることが必要となる。また，社会福祉法人は第1種社会福祉事業について，原則として国および地方公共団体とならんで経営できる法人となっている。措置制度から契約制度への転換，福祉サービスにおける民間企業などの参入，福祉ニーズの多様化・複雑化など，社会福祉法人を取り巻く環境は変化していることから，社会福祉法人には生活困窮者への支援をはじめ新たな福祉ニーズへの積極的な取り組みや地域での公益的な活動が期待されている。

4 医療法人

医療法人とは，「医療法」において「病院，医師若しくは歯科医師が常時勤務する診療所，または老人保健施設を開設しようとする社団又は財団」（第39条1項）と規定されている。医療法人は，医療事業の経営主体を法人化することにより医業の永続性を確保すること，また資金調達を容易にし，医業経営の非営利性を損なうことなく，医療の安定的普及を図ることを目的に1950（昭和25）年に創設された。医療法人の設立には，定款・寄付行為，設立当初の財産目録，出資申込書・寄付申込書の写し，設立決議録，施設の診療科目，従業者定数，敷地・建物の構造設備概要を記載した書類などを添付して都道府県知事に申請し認可をうけることが必要となる。なお，2つ以上の都道府県において病院などを開設する医療法人については，認可権限が厚生労働大臣となる。医療法人に公益性は要求されていないが，営利目的の病院，診療所の開設は認められておらず剰余金の配当は禁止されている。

第5章 社会福祉の民間活動

5 営利法人

　営利法人とは，営利を目的として事業を営む法人で事業活動によって得た利益を構成員に分配することを目的とする法人のことをいう。株式会社，合同会社，合名会社，合資会社などがこれにあたる。営利法人は一般市場では財やサービス供給の中心であるが，公的サービスを主としていた福祉サービスの領域でも営利法人の参入が一般化し福祉供給システムの一部門として認識されるようになった。特に2000（平成12）年に始まった「介護保険法」のもとでは一定の要件を満たした営利法人がサービス供給に参入することが可能となった。この介護保険の開始を契機に営利法人の活用が本格化し，営利法人の参入が促されて介護サービスの供給量の拡大が目指された。

6 特定非営利活動法人（NPO法人）

　特定非営利活動法人（NPO法人）は，1998（平成10）年施行の「特定非営利活動促進法」（NPO法）により，「ボランティア活動をはじめとする市民が行う自由な社会貢献活動としての特定非営利活動の健全な発展を促進し，もって公益の増進に寄与することを目的とする」（第1条）とされる。「NPO」とは「NonProfit Organization」または「Not for Profit Organization」の略称で，利益追求を目的とせずさまざまな社会貢献活動を行う組織の総称である。収益を目的とする事業を行うことは認められるが，事業で得た収益はさまざまな社会貢献活動に充てなければならない。2014（平成26）年4月末までに全国で4万9,042団体が認証をうけており，NPO法で定められる20の特定非営利活動（保健・医療・福祉の増進，社会教育・まちづくりの推進，学術・文化・芸術の振興，地域安全活動，環境，国際協力など）で，社会の多様化したニーズに応える役割を果たすことが期待されている。2001（平成13）年には，税制の改正により一定の要件を満たしたNPO法人のうち，所轄庁の認定をうけた法人は認定NPO法人となることができるようになった。認定NPO法人になることで，税制上の優遇措置をうけることができ，財政基盤の脆弱なNPO法人に対し寄

付が集まりやすいよう配慮がなされた。認定NPO法人は，2014年4月末で641団体となっている。

7 生活協同組合

　生活協同組合（生協）は，「消費生活協同組合法」に基づく組織で国民生活の安定と生活文化の向上，環境，まちづくりなどに取り組む協同組合の一形態である。生協は，生活者個人では対応が難しい共通の課題やニーズを事業化して対応する自治的組織である。主な生活協同事業は，①安全・安心な商品を開発し分かち合う供給事業，②生活の共済を図る事業（共済事業），③旅行，文化，スポーツ，住宅，環境，保健・医療・福祉など多様な生活課題に対応するサービス・利用事業などがある。また，生協は多様な福祉課題への取り組みも行っており，①供給事業（商品の宅配や買い上げ品の配達，福祉用品・機器の開発と供給，住宅のリフォームなど），②福祉活動（福祉人材育成，食事サービス活動，ふれあいサロン，くらしの助け合いの会など），③介護サービス事業（居宅介護支援，訪問介護事業，福祉用具貸与事業など）が行われている。

8 農業協同組合

　農業協働組合（農協）とは「農業協同組合法」に基づく法人で，農業者（農民または農業を営む法人）によって組織された協同組合である。全国農業協同組合中央会が組織する農協グループ（総合農協）を，JA（Japan Agricultural Cooperatives）と呼ぶ。農協ではこれまで農業従事者の健康管理活動や高齢化に対応した高齢者対策指針の策定・実施などを進めてきたが，1992（平成4）年の「農業協同組合法」の改正によって農協の活動として高齢者福祉事業が位置づけられた。高齢者福祉事業は，組合員および地域の高齢者が安心して老後をおくることができることを目的とした「元気な高齢者対策」と，要介護高齢者を対象とした「支援や介護が必要な高齢者の福祉対策」の2つの分野を中心に活動が展開されている。後者の福祉対策は，「助け合い活動による対応（生

活総合支援サービス・メンタルサービス・地域サービス・研修教室など）」と「介護保険事業による対応（訪問介護・通所介護・居宅介護支援など）」との２つに分けられ，近年は高齢者保健福祉サービスの担い手としての役割も果たしている。

⑨　町内会・自治会

　町内会・自治会とは，同じ地域に住む人びとで親睦や交流を通じて連帯感を培い，地域に共通する生活課題をお互いに協力して解決し，より豊かな地域づくりを進めていくために自主的かつ自発的に組織された自治組織である。町内会・自治会は一般的に町内や集落を単位に 50 ～ 200 世帯単位で組織されることが多い。また上部組織として学区や市町村レベルの連合町内会・自治会が存在し，下部組織として 10 ～ 30 世帯で構成される組や班がある。活動内容は，① 子どもの健全育成，共同募金への参加などの福祉活動，② 運動会や盆踊り大会などの親睦，③ 交通安全や防犯・防災対策などの共同防衛，④ ごみ処理，緑化運動などの環境整備，⑤ 自治体広報の配付などの行政補完・協力，⑥ 祭りへの参加などがある。地域における近所づきあいや連帯感が薄れつつあるなかで，誰もが安全・安心に暮らすことのできる地域社会の実現に向けて町内会・自治会の活動が活発に展開されることが期待されている。

⑩　民生委員・児童委員

　民生委員は，「民生委員法」に基づき厚生労働大臣から委嘱をうけて，地域において住民の立場に立って必要な支援を行い，社会福祉の増進に努めるボランティアである。民生委員の任期は３年とされる。民生委員は，「児童福祉法」が定める児童委員も兼務しており，児童福祉の推進にも重要な役割を果たしている。児童委員は，地域の子どもたちが元気に安心して暮らせるよう子どもたちを見守り，子育ての不安や妊娠中の心配ごとなどの相談・支援などを行う。また，一部の児童委員は児童に関することを専門的に担当する主任児童委員の指名をうけている。民生委員制度は，1917（大正６）年に岡山県に設置された

「済世顧問制度」と，1918（大正7）年に大阪府で始まった「方面委員制度」が始まりとされている。2013（平成25）年3月31日現在の民生委員の定数は，全国で23万3,911人となっている。近年は地域における社会的孤立の問題が深刻化するなか，民生委員による潜在的ニーズの発見や見守り活動への期待が高まっている。

11　ボランティア団体等

　ボランティア活動とは，自発的な意思に基づいて他者や地域社会に貢献する活動といわれ，活動の性格として一般的に自発性，無償性，社会性などがあげられる。また，ボランティア活動を行い，実費や交通費以外の金銭を得る活動は有償ボランティアと呼ばれている。ボランティア活動は，社会的な課題の解決に取り組んだ慈善組織協会（COS）やセツルメントなどの慈善事業を起源とするが，現在では福祉分野のみならず環境保全・自然保護，伝統文化の継承や芸術の普及，国際的な支援活動など多様な分野においてその力が発揮されている。福祉分野においてはボランティアセンターが社会福祉協議会に設置されており，ボランティア活動に関する相談，登録，斡旋，広報啓発，各種の研修などが実施されている。1995（平成7）年1月の阪神・淡路大震災や2011（平成23）年3月の東日本大震災では多くのボランティアによる救援活動が行われ，改めてボランティア活動の重要性や意義が再認識された。

12　当事者組織

　当事者組織とは，障害や疾病，高齢，経済的困窮などなんらかの生活上の困難や問題，悩みを抱えた人びとや家族が，同様の問題を抱えている個人や家族と当事者同士のつながりで結びついた組織のことである。活動は参加者が特定の体験を共有し，その体験に付随するさまざまな困難への対処に向けて当事者同士で支え合っていくことを目的としている。専門家に組織の運営を委ねず，あくまで当事者たちで行うのが特徴である。当事者組織として，アルコール・

薬物・摂食障害・ギャンブルなどの依存や嗜癖関連のグループ，障害や慢性疾患・難病を持つ人たちの会，家族を亡くした人たちの会，不登校・ひきこもりの人たちの会，暴力の被害者および加害者たちの会，セクシュアル・マイノリティ（同性愛や性同一性障害など）の人たちの会，ひとり親家庭の会などがみられる。

第3節　社会福祉の民間活動の課題

　地域社会の急速な変化に伴い，地域には制度の谷間にある人をはじめ，問題解決能力を発揮することが難しく公的サービスを上手く利用できない人，複合的な課題を抱える人，ホームレスや外国人，刑務所出所者など社会的排除をうけやすい人など多様な福祉課題が広がっている。これらの課題は，公的な福祉サービスでは対応が困難な場合も多く，民間活動には公的サービスの限界を補う即応的・柔軟的・効率的なサービス提供や社会資源の開発が期待されている。しかし，民間組織・団体が抱える課題も多くみられる。

　第1に，行政との関係性に関する課題である。近年，国や地方自治体における財政危機が深刻化している。これに伴い行政サービスの効率化や民営化が求められるなか，民間組織・団体が行政の下請け化している状況がみられる。民間組織・団体が行政の委託金や助成金などの財源に過度に依存することなく，行政と一定の距離を保った協働関係のあり方が問われている。

　第2に，サービスの質に関する課題である。民間活動のサービスを利用する人のなかには，判断能力の発揮が困難な人や社会的孤立に陥り自らの権利を主張することが難しい状態の人も多い。そのため，権利擁護システムの充実をはじめ，第三者評価，情報開示，当事者・市民参加によるサービス評価などによりサービスの質を確保していくことが求められる。また近年，民間組織・団体による不祥事や事件が発生していることから，組織や団体を運営するうえでの高い倫理観や社会的責任に関する意識，そして経営情報の開示が求められてい

る。

　第3に，活動の継続性に関する課題である。活動の継続には多様な財源確保が求められるが，行政による補助金や委託金に依存した場合，民間活動の強みを発揮することが困難となるおそれがある。また，収益が見込める事業を重視するあまり，事業の継続自体が目的化することも危惧される。経営の安定に向けて活動の質や社会的認知の向上に取り組むとともに，寄付金や助成金を活用しやすい基盤整備が求められる。しかし，わが国では市民や企業からの寄付や団体による助成などが欧米に比べ未成熟な状況であるため，寄付や助成の文化の広がりに向けた啓発活動も必要であろう。

　第4に，地域格差に関する課題である。NPO法人などの新たな民間組織は都市部に集中することが多く，農村地域や中山間地域といったいわゆる過疎地域では少ない傾向がみられる。また，営利法人も採算がとりにくい過疎地域での活動は継続性が乏しいととらえ，参入を躊躇する場合もみられる。そのため過疎地域では，社会福祉協議会や既存の町内会・自治会による活動に頼らざるを得ないのが現状となっている。柔軟な活動は民間活動の特性のひとつであるが，地域によって民間活動に格差が発生しないよう支援体制の整備が求められる。

〈参考文献〉
石田正昭『農協は地域に何ができるか―農をつくる・地域くらしをつくる・JAをつくる（シリーズ地域の再生）』農山漁村文化協会，2012年
桜井政成『ボランティアマネジメント―自発的行為の組織化戦略』ミネルヴァ書房，2007年
社会福祉の動向編集委員会編『社会福祉の動向2014』中央法規，2014年
新・社会福祉学習双書編集委員会編『社会福祉協議会活動論』全国社会福祉協議会，1997年

第6章

社会福祉従事者

第1節　社会福祉従事者の現状と資格制度

1　社会福祉従事者とは

　社会福祉を担う人びととは、社会福祉士などの専門職からボランティアまでを広く指し、また保健・医療あるいは司法などの社会福祉分野以外の専門職も、社会福祉施設や社会福祉サービスを支えている。

　少子高齢化の進行などを背景に、社会福祉制度・施策が拡充され、社会福祉従事者の数は年々増加している。今後とも多様化し増大する福祉ニーズに対応するために、これら社会福祉従事者の量的確保と質の向上は大きな課題となっている。

2　社会福祉従事者の資格

　わが国の社会福祉専門職の資格は、1948（昭和23）年の「児童福祉法施行令」によって規定された保母（現在の保育士）、1951（昭和26）年に制定された「社会福祉事業法」（2000（平成12）年から「社会福祉法」）によって定められた社会福祉主事任用資格に始まる。

　その後、多様化する福祉ニーズへの対応のため、専門的な知識・技術を有する専門職の養成・確保が求められるようになり、1987（昭和62）年に「社会福祉士及び介護福祉士法」が制定され、社会福祉士・介護福祉士という国家資格

が誕生した。

社会福祉の資格制度には，法律に基づいて試験等を行い，知識や技能が一定の段階以上に達していると取得できる国家資格と地方自治体や社会福祉施設において特定の職に任用されてはじめて称することができる任用資格，その他試験や研修の修了を条件とする公的資格がある。

（1） 国家資格となっている社会福祉専門職

1） 社会福祉士

社会福祉士は「社会福祉士及び介護福祉士法」に基づく名称独占の国家資格であり，図6-1に示すように，福祉系大学で指定科目を履修するなどいくつかのルートで受験資格を得て国家試験に合格することで取得できる。2014（平成26）年6月現在の登録者数は，17万7,537人となっている。[1]

2） 介護福祉士

介護福祉士は「社会福祉士及び介護福祉士法」に基づく名称独占の国家資格であり，実務経験を経て国家試験を受験するほか介護福祉士養成施設において必要な知識及び技能を修得して取得できる。なお，2016（平成28）年度より介護福祉士養成施設において必要な知識及び技能を修得した場合も国家試験に合格することが必要になる。2014年6月現在の登録者数は，129万524人となっている。[2]

3） 精神保健福祉士

精神保健福祉士とは「精神保健福祉士法」に基づく名称独占の国家資格であり，福祉系大学で指定科目を履修するなどいくつかのルートで受験資格を得て国家試験に合格することで取得できる。2014年6月現在の登録者数は，6万4,874人となっている。[3]

4） 保育士

保育士は従来，児童福祉施設の任用資格であったが，2001（平成13）年の「児童福祉法」改正により，名称独占の国家資格となった。

保育士資格の取得は，大学，短期大学，専門学校などの指定保育士養成施設

第6章 社会福祉従事者 63

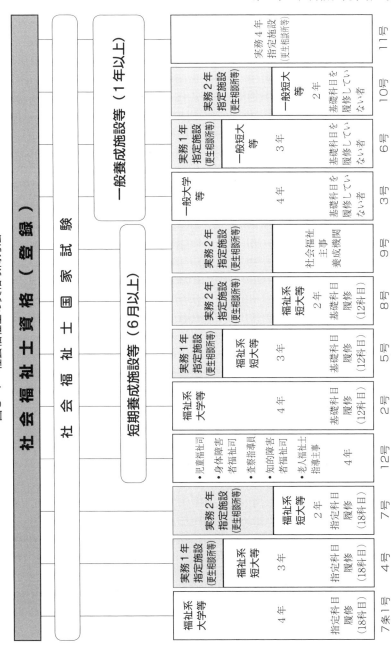

図6-1 社会福祉士の資格取得方法

出所）厚生労働省『厚生労働白書（平成26年版）』資料編，p.200

で課程を修了する方法と保育士試験に合格する方法とがある。2012（平成24）年10月現在で保育所等の児童福祉施設，その他社会福祉施設に従事する保育士数は，37万202人となっている[4]。

（2） その他の社会福祉専門職

1）社会福祉主事

社会福祉主事は福祉事務所現業員などとして任用される者に要求される任用資格であり，社会福祉各法に定める援護または更生の措置に関する事務を行うために，福祉事務所には必置義務がある。

2）児童福祉司

児童福祉司は児童相談所に必置の任用資格で，「児童福祉法」により「児童相談所長の命を受けて，児童の保護その他児童の福祉に関する事項について，相談に応じ，専門的技術に基づいて必要な指導を行う等児童の福祉増進に努める」と規定されている。

3）介護支援専門員（ケアマネジャー）

介護支援専門員は「介護保険法」に基づき，「介護支援専門員実務研修受講試験」に合格し，研修を修了して都道府県に登録した者とされる，5年更新の資格である。受験資格は，保健・医療・福祉などにかかる資格等をもつ者などが，実務経験を経て得ることができる。

4）訪問介護員（ホームヘルパー）

訪問介護員は，「介護保険法施行令」により「都道府県知事が指定する研修課程等を修了し，終了証明書の交付を受けた者」とされている。この研修については2013（平成25）年4月より，「訪問介護員養成研修（1級～3級）」及び「介護職員基礎研修」が「介護職員初任者研修」に一元化された。

5）民生委員・児童委員，主任児童委員

民生委員は「民生委員法」に基づき，厚生労働大臣の委嘱により置かれる民間奉仕者であり，「児童福祉法」に基づく児童委員を兼ねている。担当区域の住民の生活状態の把握，相談援助などのほか社会福祉行政機関の業務への協力

を行う。

　主任児童委員は，1994（平成6）年に創設され，児童委員のように区域を限定せず児童福祉に関する事項を専門的に担当している。

第2節　社会福祉従事者の専門性と倫理

1　社会福祉従事者の専門性と業務内容

　社会福祉従事者は社会福祉行政機関や社会福祉施設，または地域福祉活動などの場で，それぞれ専門的な知識・技術をもって各々の職責を果たしている。社会福祉士など国家資格を得て四半世紀を過ぎ，任用・活用の場も広がり社会的に認知された現在，あらためてその専門性を問い，高める必要がある。

（1）社会福祉士

　社会福祉士は「社会福祉士及び介護福祉士法」により，「社会福祉士の名称を用いて，専門的知識及び技術をもって，身体上若しくは精神上の障害があること又は環境上の理由により日常生活を営むのに支障がある者の福祉に関する相談に応じ，助言，指導，福祉サービスを提供する者又は医師その他の保健医療サービスを提供する者その他の関係者との連絡及び調整その他の援助を行うことを業とする者」と規定されている。

　社会福祉士は援助を必要とする人やその家族の相談に対する助言・指導，関係機関との連絡・調整などが主な職務であり，所属しているのは老人福祉施設，障害者支援施設，児童福祉施設等の社会福祉施設や介護保険施設，福祉事務所，児童相談所等の社会福祉行政機関，社会福祉協議会，医療機関などが挙げられる。そのほか，2000年に介護保険制度の発足とともに設けられた成年後見制度において，家族以外の後見人として弁護士などとともにその任にあたり，また，2005（平成17）年の「介護保険法」改正により，翌年に創設された地域包括支援センターにも配置されている。

(2) 介護福祉士

　介護福祉士は「社会福祉士及び介護福祉士法」により,「介護福祉士の名称を用いて,専門的知識及び技術をもって,身体上又は精神上の障害があることにより日常生活を営むのに支障がある者につき心身の状況に応じた介護を行い,並びにその者及びその介護者に対して介護に関する指導を行うことを業とする者」と規定されている。

　職場としては老人福祉施設,介護保険施設や有料老人ホーム,障害者支援施設などが挙げられるが,訪問介護員(ホームヘルパー)などにも介護福祉士資格を有する者も多い。介護福祉士の業務は,介護を必要とする人に対する直接的な身体介護,家事機能や金銭管理などの日常生活の環境調整や整備などのほか,利用者やその家族に対する相談援助,地域の社会資源の活用への指導,関係機関との連絡調整なども行う。

(3) 精神保健福祉士

　精神保健福祉士は「精神保健福祉士法」により,「精神保健福祉士の名称を用いて,精神障害者の保健及び福祉に関する専門的知識及び技術をもって,精神科病院その他の医療施設において精神障害の医療を受け,又は精神障害者の社会復帰の促進を図ることを目的とする施設を利用している者の地域相談支援の利用に関する相談その他の社会復帰に関する相談に応じ,助言,指導,日常生活への適応のために必要な訓練その他の援助を行うことを業とする者」と規定されている。

　精神保健福祉士は精神科医療機関,保健所,精神保健福祉センター,精神障害者福祉施設などに所属し,精神障害者やその家族の相談に応じ,助言・指導を行うとともに,地域の社会資源の活用への指導,関係機関との連絡調整なども行う。

(4) 保育士

　保育士は「児童福祉法」により,「保育士の名称を用いて,専門的知識及び技術をもつて,児童の保育及び児童の保護者に対する保育に関する指導を行う

ことを業とする者」と規定されている。

　保育士は保育所をはじめ、乳児院、児童養護施設などの児童福祉施設に所属しているが、近年、ニーズが高まっている地域子育て支援において重要な役割を果たすことが期待されている。また、障害者支援施設などにおいて成人の介護にあたる保育士もいる。

　保育士の専門性について、「保育所保育指針」では「保育所における保育士は、児童福祉法第18条の4の規定を踏まえ、保育所の役割及び機能が適切に発揮されるように、倫理観に裏付けられた専門的知識、技術及び判断をもって、子どもを保育するとともに、子どもの保護者に対する保育に関する指導を行うものである」（第1章2㈣）とされている。

2　社会福祉専門職の専門性と倫理

　社会福祉実践において社会福祉従事者がもっとも大切にしていることは、専門的知識や専門的技術とともに、生活者としての利用者をまるごととらえる視点であろう。秋山智久は、「生活全体を見ていく視点を持つことが、他の専門職とは異なり、社会福祉専門職のアイデンティティを高めることになる」[5]と述べている。

(1)　社会福祉専門職の価値と倫理

　社会福祉従事者は対人援助職として、利用者を代弁し、人権を擁護する立場を基盤とする。社会福祉実践においては、社会福祉従事者一人ひとりがそれぞれの経験や価値観により主体的に判断することが求められ、よって援助内容が異なることがある。しかし、社会福祉専門職として共有すべき価値観や判断基準、規範等があり、それらを宣言・文章化したものが、それぞれの専門職団体が有する倫理綱領である。

(2)　倫理綱領

　「ソーシャルワーカーの倫理綱領」は、社会福祉専門職団体協議会（日本ソーシャルワーカー協会、日本社会福祉士会、日本医療社会福祉協会、日本精神保健

福祉士協会）において 2005 年に最終案が採択されたものである。その前文で，国際ソーシャルワーカー連盟が 2000 年に採択した「ソーシャルワークの定義」を「ソーシャルワーク専門職は，人間の福利（ウェルビーイング）の増進を目指して，社会の変革を進め，人間関係における問題解決を図り，人びとのエンパワーメントと解放を促していく。ソーシャルワークは人間の行動と社会システムに関する理論を利用して，人びとがその環境と相互に影響し合う接点に介入する。人権と社会正義の原理は，ソーシャルワークの拠り所とする基盤である」と示し，「ソーシャルワーク実践に適用され得るものとして認識し，その実践の拠り所とする」としている。

　介護福祉士については，日本介護福祉士会が 1995（平成 7）年に倫理綱領を宣言しており，保育士については，国家資格化を機に 2003（平成 15）年に全国保育士会が倫理綱領を定めている。また，介護支援専門員についても，日本介護支援専門員協会が 2007（平成 19）年に倫理綱領を採択している。

3　社会福祉専門職の課題

　近年，少子高齢化の進展や価値観の多様化などにより，福祉ニーズも複雑化多様化している。このようななかで社会福祉士などの国家資格が生まれ，保育士も国家資格化され役割も強化された。しかし，国家資格の取得が社会福祉専門職の専門性を担保するものではない。社会福祉従事者は専門性を向上させるべく実践的に研鑽を積み重ねる必要がある。

　現場実践のなかで経験を積むことにより自己研鑽に努めなければならない。また，大学等における卒後教育，あるいは専門職団体による研修システムなどリカレント教育についても議論を行う必要がある。

第6章 社会福祉従事者　69

第3節　保健・医療関係分野の専門職との連携

1　社会福祉に関連する専門職

　社会福祉実践において利用者は地域社会において生活者として存在し，その家族も含めて複合的なニーズがあり，さまざまな分野の専門職の支援が求められる。多くの保健・医療分野などの専門職が社会福祉専門職とともに，社会福祉施設や介護保険施設に所属しており，また，地域社会においてもさまざまな専門職，専門職集団が連携しながら社会福祉課題の解決にあたっている。

（1）　高齢者保健福祉分野や障害者福祉分野における関連領域の専門職

　医師，歯科医師，保健師，看護師，薬剤師，理学療法士，作業療法士，言語聴覚士，管理栄養士（栄養士），歯科衛生士など保健・医療分野の専門職が従事している。また，地域包括支援センターに従事する3職種は，保健師と社会福祉士と主任介護支援専門員と定められている。さらに，高齢者虐待対応に関しては弁護士などとの連携，協力も行っている。

（2）　児童家庭福祉分野における関連領域の専門職

　医師，歯科医師，保健師，看護師，理学療法士，作業療法士，臨床心理士などが児童福祉施設に従事している。近年，地域の子育て支援への期待も大きいが，そこでは保健師，小児科医などの医師，歯科医師，教師などを含めたネットワークが重要な役割をもつ。また，児童虐待に関しては警察官や弁護士などと連携，協力して対応している。

（3）　保健・医療分野における社会福祉専門職の役割

　一方で，社会福祉士や精神保健福祉士の多くが保健・医療分野に携わっている。保健・医療機関において援助活動を行う医療ソーシャルワーカー（medical social worker：MSW）や精神科医療機関などで援助活動を行う精神科ソーシャルワーカー（psychiatric social worker：PSW）などであり，社会福祉専門職として医師をはじめとした医療チームと協働・連携しながら業務にあたっている。

2 専門職による連携

　社会福祉実践において，関連するさまざまな領域の専門職，専門機関との相互連携は不可欠な課題である。援助が必要な生活者に対してひとりの専門職が支援できることには限界がある。「ソーシャルワーカーの倫理綱領」でも「他の専門職等との連携・協働」について実践現場における倫理責任として言及している。複雑化多様化する福祉ニーズに対応する場合，多職種によるチームアプローチが必要となる。

　また，連携するのは機関や施設に所属する専門職だけに限らない。民生委員・児童委員をはじめとする民間ボランティア，NPO団体，地域住民との協働により，社会福祉課題の解決にあたる必要がある。

〈注〉
1）公益社団法人社会福祉振興・試験センター「資格登録者の状況」http://www.sssc.or.jp/touroku/tourokusya.html（参照日：2014年8月29日）
2）同上
3）同上
4）厚生労働省「平成24年社会福祉施設等調査の概況」
5）秋山智久『社会福祉専門職の研究』ミネルヴァ書房，2007年，p.258

〈参考文献〉
秋山智久『社会福祉専門職の研究』ミネルヴァ書房，2007年
空閑浩人編『ソーシャルワーカー論』ミネルヴァ書房，2012年
厚生労働省編『保育所保育指針解説書』フレーベル館，2008年
社会福祉士養成講座編集委員会編『高齢者に対する支援と介護保険制度（第3版）』中央法規，2012年
宮田和明・加藤幸雄・牧野忠康・柿本誠・小椋喜一郎編『社会福祉専門職論』中央法規，2007年
山縣文治・岡田忠克編『よくわかる社会福祉（第10版）』ミネルヴァ書房，2014年

第7章

社会福祉における相談援助

第1節　相談援助の意義と原則

1　相談援助とは

　相談援助あるいは相談や援助という言葉から浮かぶイメージにはどのようなものがあるだろうか。広辞苑では、相談は「互いに意見を出して話し合うこと、談合、また、他人に意見をもとめること」、援助は「たすけること、助勢」とそれぞれの意味を説明している。また、「社会福祉士及び介護福祉士法」第2条第1項では「相談援助とは、対象者の相談に応じ、助言、指導、連絡、調整、その他の援助を行うこと」としている。

　個々がもつイメージはさまざまだろうが、相談援助の言葉がもつイメージとして、第1にカウンセリングを思い浮かべる人が多いのではないだろうか。しかしながら、社会福祉における相談援助とは、カウンセリングではなくソーシャルワークを意味する。では、カウンセリングとソーシャルワークでは何がちがうのだろうか。

　ここで、カウンセラーとソーシャルワーカーのそれぞれの働きを例にあげて説明する。まずカウンセラーは、問題や課題を抱えている本人および家族の相談にのる。その後必要であれば、本人に対して心理テストを行い、本人や家族の心理状況を分析する。本人や家族の心理状況に応じて、必要であれば心理療法を用いて本人や家族の心理的安定を図ることで問題解決を進めていく。それ

に対してソーシャルワーカーも，やはり問題や課題を抱えている本人および家族の相談にのる。そして，本人や家族の生活状況を社会的・心理的・医学的などあらゆる角度から，本人や家族に聴き取りをしたり，本人と家族に関わる事柄を調査したりして情報を収集し，現在の生活状況を分析する。そして，本人と家族にとって，今もっとも必要な支援や制度を順々につなげ，問題解決を進めていく。

以上の例から，カウンセリングとソーシャルワークの違いが理解できる。カウンセリングが，本人や家族の心理状況を中心に援助していくのに対し，ソーシャルワークは，本人や家族の生活状況を中心に援助していくと考えるとよい。

2 相談援助の定義

2000（平成12）年7月，カナダ，モントリオールにおける総会において，国際ソーシャルワーカー連盟（IFSW）は，ソーシャルワークの定義を採択した。

〈ソーシャルワークの定義[2]〉

ソーシャルワーク専門職は，人間の福利（ウエルビーング）の増進を目指して，社会の変革を進め，人間関係における問題解決を図り，人びとのエンパワメントと解放を促していく。ソーシャルワークは，人間の行動と社会システムに関する理論を利用して，人びとがその環境と相互に影響し合う接点に介入する。人権と社会正義の原理は，ソーシャルワークの拠り所とする基盤である。

また，わが国では，4つの専門職団体（日本ソーシャルワーカー協会，日本社会福祉士会，日本精神保健福祉士協会，日本医療社会事業協会）が共通のソーシャルワーカー倫理綱領をまとめている。「全米ソーシャルワーカー協会」では，サービス，社会正義，人の尊厳と価値，人間関係の重要性，誠実，専門的力量の6つをソーシャルワークの価値としたのに対して，わが国では，人間の尊

厳，社会正義，貢献，誠実，専門的力量の5つをソーシャルワークの価値としている。

③ 相談援助の視点

相談援助活動（ソーシャルワーク）を実践していくうえでの視点として，次にあげる，エコロジカル・アプローチ，エンパワメント・アプローチ，ジェネラリスト・アプローチなどがある。

(1) エコロジカル・アプローチ

私たちは生活していくうえで，さまざまな人的環境および物的環境の影響をうけている。このことをエコシステム（人と環境の交互作用）という。問題を抱えている人に対して，個人的要因のみに着目するのではなく，その個人のまわりの環境にも視点を広げることが，ソーシャルワークを実践していくうえで大事なことである。この視点は，ジャーメイン（Germain, C. B.）によって，ソーシャルワークに取り入れられたものであり，生態学的視座（エコロジカル・アプローチ）という。

(2) エンパワメント・アプローチ

エンパワメントとは，ソロモン（Solomon, B.）によって用いられた言葉である。人には，それぞれ生まれながらにして，持ち備えた「個性」や「能力」がある。たとえ困難な問題を抱えた状況にある人であっても，個々がもっている力（パワー）を少しでも活かせるように働きかけて自ら問題解決できるようにしていくことを，エンパワメント・アプローチという。エンパワメント・アプローチをしていくためには，その人自身の潜在能力や可能性に目を向けた視点が必要である。この視点をストレングスの視点という。

(3) ジェネラリスト・アプローチ

社会福祉には，児童・障害・高齢者などの分野がある。それぞれの専門分野で，個々に専門的支援をしていくことも大切ではあるが，どの分野にも共通する理論・技術・価値などがある。それらを統合的かつ包括的な支援を展開して

いくことをジェネラリスト・アプローチという。また，ジェネラリスト・アプローチがソーシャルワークへと発展したものをジェネラリスト・ソーシャルワークという。

4　相談援助の原則

　援助者が，困難な問題を抱えた人（クライエント）に対して相談援助を展開していくうえで，大事なのはクライエントとの信頼関係（ラポール）を築いていくことである。ラポールを築いていくうえでの援助者の基本的態度，ソーシャルワークの基本原則として，バイステック（Biestek, F. P.）の7原則がある。

〈バイステックの7原則〉
① 個別化の原則：クライエントを個人としてとらえる。
② 意図的な感情表出の原則：クライエントの感情表現を大切にする。
③ 統制された情緒的関与の原則：援助者は自分の感情を自覚して吟味する。
④ 受容の原則：受け止める。
⑤ 非審判的態度の原則：クライエントを一方的に非難しない。
⑥ 自己決定の原則：クライエントの自己決定を促して尊重する。
⑦ 秘密保持の原則：秘密を保持して信頼感を醸成する。

第2節　相談援助の方法と技術

1　相談援助の機能（役割）

　岡村重夫は，ソーシャルワーカーの本質的機能として，補充的機能・個別化的送致機能・調整的機能・評価的機能の4つをあげている[3)]。相談援助には，クライエントへの直接的な援助だけではなく，クライエントのまわりの環境を調整したり社会に働きかけたりする間接的な援助をしていく機能（役割）がある。

2 相談援助の方法

相談援助の方法として、個人や家族を対象とした個別援助技術（ケースワーク）、集団を対象とした集団援助技術（グループワーク）、地域を対象とした地域援助技術（コミュニティワーク）があり、調査・計画・実践を通した方法として、社会福祉調査法（ソーシャルワーク・リサーチ）、社会福祉計画法（ソーシャル・ウェルフェア・プランニング）、社会活動法（ソーシャル・アクション）、社会福祉運営管理（ソーシャル・ウェルフェア・アドミニストレーション）がある。他にも、ケアマネジメント、スーパービジョン、コンサルテーション、ネットワークといった方法がある。

(1) 個別援助技術（ケースワーク）

個別援助技術（ケースワーク）は、後に「ケースワークの母」と呼ばれたリッチモンド（Richmond, M.）が体系化したものである。援助者とクライエントが面接や協働を通じて、問題解決していく方法である。個別援助技術（ケースワーク）のプロセス（過程）には、①インテーク、②アセスメント、③プランニング、④インターベンション、⑤モニタリング、⑥エバリュエーション、⑦ターミネーションがある。ケースワークを有効に実践するには、バイステックの7原則の理解が大事である。

〈個別援助技術（ケースワーク）のプロセス（過程）〉

① インテーク（受理面接または初回面接）

クライエントとのはじめての出会いであり、クライエントの話をよく聞き、援助者の立場を伝え、信頼関係（ラポール）を形成させていく段階である。傾聴と受容の態度でクライエントの話を聞くこと、援助内容をわかりやすく説明することが大切である。

② アセスメント（事前評価）

クライエント自身やクライエントの周囲の情報を集め、クライエントの状況を十分に把握・理解したうえで、クライエントの問題や課題を明確にする段階である。

ジェノグラム⁴⁾やエコマップ⁵⁾などを含んだアセスメントシートを用いて情報を整理することもある。情報収集には，クライエントへ守秘義務を守ることや情報収集の了承を得る必要がある。また，クライエント自身が最初に相談してきた相談内容（ニーズ）と異なる問題や課題を，クライエントが抱えていることもある。

③ プランニング（援助計画）

アセスメントをもとに，クライエントの意向を確認しながら，解決目標や解決方法を決めていく段階である。状況に応じて，目標に優先順位をつけて援助計画を立てる。

④ インターベンション（介入）

実際に援助をしていく段階である。可能な限りクライエント自身が課題解決できるように働きかけていく。クライエントの自己決定を尊重し，自己決定ができるように環境を整備する必要がある。

ときに，援助者はクライエントの権利やニーズを代弁し，クライエントの権利擁護（アドボカシー）を行う。

⑤ モニタリング（中間評価）

インターベンションの途中経過を定期的に観察することで，クライエントへの援助が適切かどうかを評価する段階である。クライエントの変化や状況に応じて，援助計画の見直しも考慮する。

⑥ エバリュエーション（事後評価）

インターベンションが終盤になったころ，クライエントの状況を観察・評価する。クライエントの状況によっては，援助期間を延ばすなどの援助計画の見直しも考慮する。

⑦ ターミネーション（終結）

クライエントの目標が達成でき，問題も解決し生活が安定したことが確認できたところで，援助を終結する段階である。

（2） 集団援助技術（グループワーク）

　集団援助技術（グループワーク）とは，グループ（集団）での活動を通して，グループ固有の特性や力を活かしていく方法である。また，グループのメンバーそれぞれが互いに影響しあうこと（相互作用）によって，グループに所属している個人やグループ全体が抱えている困難な問題を解決していくこともある。集団援助技術（グループワーク）のプロセス（過程）には，① 準備期，② 開始期，③ 発展期，④ 成熟期，⑤ 終結期がある。

〈集団援助技術（グループワーク）のプロセス（過程）〉

① 準備期

　グループをつくる用意をする段階である。グループの目的や規模（構成人数），活動内容（プログラム），活動期間，活動場所，予算などを決める。

② 開始期

　グループ活動を始める段階である。グループとしての目的の説明をし，その後，メンバーがお互いにうちとける状態にしていくためのアイスブレイク[6]が必要となる。お互いをまったく知らないメンバー構成であるなど，メンバーの状況によっては，開始期の時間をしっかりと取る。

③ 発展期

　メンバーがお互いにうちとけ，グループの活動が盛り上がってくる段階である。活動が盛り上がっていく一方で，トラブルも起きやすい段階であり，状況に応じてグループ内の調整支援が必要になる。

④ 成熟期

　グループの活動が軌道にのって，安定してくる段階であり，グループ活動の自立と継続を考えた支援をしていく段階である。

⑤ 終結期

　グループでの活動を終結してよいかどうか考え，終結に向けての支援をしていく段階である。援助者が一方的な評価（ふりかえり）をしないで，メンバー個々が，今までのグループ活動の感想などを出し合ってふりかえり，今後につ

いて，グループの活動を継続するかしないかなどを話し合う機会をつくる。

　集団援助技術（グループワーク）の原則として，コノプカ（Konopka, G.）の14の集団援助技術（グループワーク）の原則がある。原則はケースワークと重なるものもあれば，グループワーク独特のものもある。
　〈14の集団援助技術（グループワーク）の原則〉
① グループメンバーの個別化
② グループの個別化
③ メンバーの受容
④ ワーカーとメンバーの援助関係
⑤ メンバー間の協力関係の促進
⑥ グループ過程の変更
⑦ 参加の原則
⑧ 問題解決過程へのメンバー自身の取り組み
⑨ 葛藤解決の原則
⑩ 経験の原則
⑪ 制限の原則
⑫ プログラムの活用
⑬ 継続的評価
⑭ グループワーカーの自己活用

（3）地域援助技術（コミュニティワーク）

　地域社会を対象とした援助技術である。「地域を変える」という取り組みで，フォーマルな組織や制度だけにとらわれず，ボランティア組織やその地域独自の制度も視野に入れて，地域住民のニーズに適した地域に変えていくという方法である。ミクロ（個人）・メゾ（集団）・マクロ（地域社会）というとらえ方で実践していく。

（4） 社会福祉調査法（ソーシャルワーク・リサーチ）

調査を実施することで，実態をあきらかにして，どのような社会福祉サービスが必要かを知る方法である。

（5） 社会福祉計画法（ソーシャル・ウェルフェア・プランニング）

社会福祉サービスに関する計画を策定し，実施，評価して，さまざまな福祉課題に対応できるように計画に反映させていく方法である。

（6） 社会活動法（ソーシャル・アクション）

福祉サービスや制度などの改善を目指して，社会や行政，地域住民に訴えかける活動をしていく方法である。

（7） 社会福祉運営管理（ソーシャル・ウェルフェア・アドミニストレーション）

福祉サービスを提供する機関や施設の運営（目標・予算など）を評価し，より効果的なサービスを提供するための運営や管理をしていく方法である。

（8） ケアマネジメント

クライエントの生活の状況にあわせて，さまざまな社会資源（制度・サービスなど）のなかから適切な社会資源を組み合わせることによって，より効果的な援助をしていく方法である。

（9） スーパービジョン

援助者の専門性を高めるために，指導や訓練をしたり，援助者がクライエントの援助に行き詰った時の対応を助言したりして，援助者自身を支え専門性を向上させていく方法である。スーパービジョンの種類には，個別スーパービジョン，グループスーパービジョンなどがある。スーパービジョンを実施する人をスーパーバイザー，スーパービジョンをうける人をスーパーバイジーという。

（10） コンサルテーション

援助を展開していく過程で，医師や弁護士などの専門家から助言をうけていく方法である。助言する専門家をコンサルタント，助言をうける人をコンサルティーという。

(11) ネットワーク

人と人，人と組織，組織と組織のつながりをつくっていく方法である。

クライエントを支えていくためには，行政や専門家などといった公式（フォーマル）なつながりだけではなく，クライエントの周りにいる家族や友人，近隣ネットワークといった非公式（インフォーマル）なつながりをつくっていく必要がある。

〈注〉
1）『広辞苑（第6版）』，岩波書店，2008年を引用。
2）日本社会福祉士会「国際ソーシャルワーカー連盟（IFSW）のソーシャルワークの定義」
http://www.jacsw.or.jp/01_csw/08_shiryo/teigi.html （参照日：2014年8月30日）
3）岡村重夫「ソーシャルワーカーの本質的機能」『ソーシャルワークとは何か（リーディングス日本の社会福祉第4巻）』日本図書センター，2011年，pp.21-29
4）ジェノグラムとはクライエントの家族員（同居，関係が深い人を含む，原則3世代）を表した図（家系図）をいう。
5）エコマップとはクライエントの相関関係（家族，社会福祉機関，仕事，親戚，保険，ケア等）を表した図表をいう。
6）アイスブレイクとは初対面同士の緊張をときほぐす方法をいう。

〈参考文献〉
相澤譲治・井村圭壯編『社会福祉の相談援助』久美，2012年
宇山勝儀・小林理編『社会福祉』光生館，2012年
カレル・ジャーメインほか著，小島蓉子編訳『エコロジカルソーシャルワーク』学苑社，1992年
北島英治『ソーシャルワーク論』ミネルヴァ書房，2008年
F. P. バイステック著，尾崎新・福田敏子・原田和幸訳『ケースワークの原則』誠信書房，2006年
M. E. リッチモンド著，小松源助訳『ソーシャル・ケース・ワークとは何か』中央法規，1991年

第8章

社会福祉における権利擁護

第1節　情報提供と第三者評価

1　福祉サービスと利用者の権利

　実の子どもと偽り高齢者を騙すオレオレ詐欺や悪徳商法などにより，高齢者の財産が奪われるというような権利侵害が続発している。また，虐待などの人権侵害は，高齢者や障害者，児童が，身近に関わる家族や事業所従事者から受けており，深刻な問題となっている。教育や医療機関も例外ではない。

　わが国には，認知症高齢者推計約462万人[1]，知的障害者約55万人，精神障害者約320万人[2]という多くの人びとが，生命や生活をみずから守ることができずに苦しんでいる。しかも，福祉サービス情報の判断が難しく，支援を求められないことが多い。たとえば認知症高齢者の場合，他の高齢者に比べて虐待を受けている割合が多く[3]，支援者が適切に介入できなければ助けられないということが起こる。

　利用者の権利について，市川一宏は，情報と手続に関する権利，適切なサービス内容が保障される権利，訴えの権利，参加の権利[4]を提起している。福祉サービスを必要とする人びとにとって，そうしたサービスを利用する権利は必要不可欠である。福祉サービスの質を高め，このような人権侵害を早急に防ぐことが課題となる。

　2000（平成12）年には「社会福祉法」が施行されたが，その目的のひとつ

は，福祉サービスを必要としている人びとが福祉サービス提供者と利用契約を結び，利用する権利が守られることである。たとえ福祉サービスが一部を除き市場化されても，つまり契約化されても，福祉サービスを必要とする人びとの権利が失われてしまわないように，その権利を保護しながら，利用者の意思を最大限に尊重できる支援が求められている（以下，図8-1および表8-1参照）。

2 福祉サービス情報の説明と責任

　福祉サービスを必要としていても生活困難をかかえており，他の市民や福祉サービス提供者に比べると福祉情報を知らず，理解できないことが多い。そうすると，自ら求め，判断し，選択することは容易ではなく，契約内容違反でもそのまま実行されると，不利益が生じ，サービスを利用する権利が侵害される危険性がある。

　そこで，「社会福祉法」第75条では，国及び地方公共団体，社会福祉事業の経営者は，利用しようとする人びとに対して，福祉サービスの情報提供に努めなければならないことを規定した。また，同法第76条では，経営者に対して利用契約申し込み時の説明努力義務を，そして同法第77条では，利用契約成立時の書面交付義務を規定した。

　医療分野などでは，医療サービス内容を適切に説明し，患者や保護者などの意思と理解，同意を得ること（インフォームドコンセント）が重要となる。「医療法」第1条では，医療従事者は，患者などへの適切な医療情報の提供とその相談に努めること，また，「医療法」第6条では，入院診療計画書の交付と適切な説明の義務化，退院療養計画書は努力規定としている。また，患者に必要な医療情報は，書面による当該病院での閲覧と，都道府県知事に報告し，その報告内容を都道府県知事が公表しなければならないことを規定している。

　もちろん，「個人情報の保護に関する法律」に従い，守秘義務を堅持できる専門職が，目的外使用や流出，盗用というような問題が起こらないように気をつけなければならない。

第8章 社会福祉における権利擁護 83

図8-1 福祉サービスの権利擁護に関する体系図

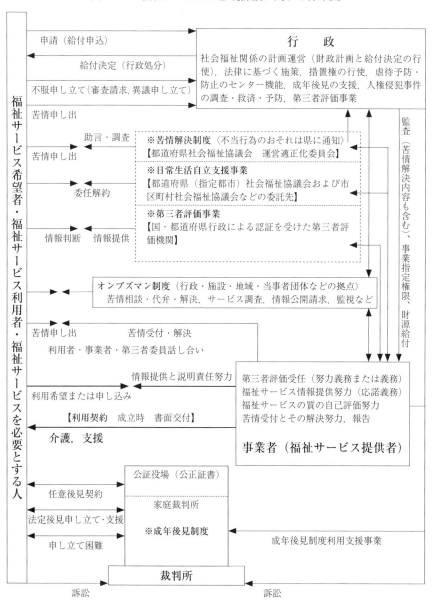

出所）筆者作成

表8-1 苦情解決制度と日常生活自立支援事業と成年後見制度との比較

	苦情解決制度	日常生活自立支援事業	成年後見制度
根拠法	社会福祉法	社会福祉法	民法
対象者	福祉サービス利用者	判断能力が不十分で生活に支障がある人びと	判断能力が欠けるか，不十分である人びと
所管機関監督判断	厚生労働省，都道府県社会福祉協議会（運営適正化委員会），都道府県，社会福祉事業経営者	厚生労働省，都道府県（指定都市）社会福祉協議会・契約締結審査会・市区町村社会福祉協議会	法務省，家庭裁判所 成年（未成年）後見人・監督人など，法人後見団体，専門職団体など
援助保護解決支援	社会福祉事業経営者（苦情受付担当者，苦情解決責任者），第三者委員，運営適正化委員会	基幹的社会福祉協議会（専門員，生活支援員），成年後見人など（下記参照）	4親等内親族，成年後見人，保佐人，補助人，任意後見人，それらの監督人，未成年後見人など，家庭裁判所職員，市町村行政，複数後見または法人後見支援者，市民後見人など
手続開始	福祉サービス利用者による苦情の申し出を社会福祉事業経営者，（受付担当者と解決責任者）運営適正化委員会，都道府県へ行う	1．本人，家族，保護者の基幹的社会福祉協議会への相談と利用申し込み 2．専門員の支援計画作成 3．利用契約の締結	申立権者（本人，配偶者，4親等内の親族，未成年後見人，検察官，任意後見受任者，任意後見人，任意後見監督人，市町村長）の申し立て後，家庭裁判所の審判確定と後見登記を行う（任意後見は，事前手続きとして，公証役場で公正証書による任意後見契約）
支援内容留意	福祉サービス利用者の苦情申し出への対応，苦情受付担当者，苦情解決責任者，第三者委員などによる話し合いと解決，運営適正化委員会における相談とあっせんによる解決，都道府県による監査時の確認も含めた解決	福祉サービスの利用援助，日常的な金銭管理，書類などの預かり，住宅賃借や改修，消費契約，行政手続きなどの支援（費用の支払いは可能。契約は不可能），苦情解決手続きが可能，成年後見制度利用者も成年後見人などと本事業の利用契約で可能	【財産管理】 契約（治療・入院，住居，福祉施設入退所，教育，リハビリ）その他生活に必要な財産処分，取引と費用の支払いなど 【身上監護】 例・福祉サービスの利用契約の見守り，介護認定申請，異議申し立て，ケアプラン同意，預金管理と購入など（医療同意は不可，また介護や遺言・結婚・離婚・認知・養子縁組などの行為も不可）
費用	要らない	利用料（1回あたりの援助1000〜1200円程度）	後見人などへの報酬（月額2〜6万円程度），申し立て（2〜3万円程度），鑑定料（5〜10万円程度）

出所）更田義彦『介護福祉ハンドブック　人権保障としての成年後見制度』一橋出版，2002年，p.36の図を引用・参考にして，筆者が加筆，作成

福祉分野に限らず，サービス提供者のアカウンタビリティ（説明責任）を果たすということは，利用者がサービスを選択し判断する自由度を広げることにつながる。その役割は契約関係を結び，維持していくための前提条件として，とても重要となる。

③ 福祉サービスの質と第三者評価

利用者が願うことは，安全で快適な，利用者の意思が尊重されるようなサービスが提供されることである。しかしながら，福祉サービスを知り，理解し，その適切さが納得できなければ，誰もそのサービスを利用したいとは思わない。

そこで，「社会福祉法」第78条では，福祉サービスの選択と質の確保をはかるために，社会福祉事業経営者による自己評価および国による第三者評価事業を努力義務とした。第三者評価事業は，国の指針に基づき，都道府県から認証された法人組織で運営されている。その公表については義務ではなく，社会福祉事業経営者との相談により判断される。ただし，2006（平成18）年度から「介護保険法」にかかる高齢者のサービスにおいては，介護サービス情報の公表を義務づけている。

福祉サービスの質を向上させるためには，福祉サービス提供者の自己評価による改善活動や行政指導だけでは十分とはいえない。地域住民や利用を求めている人びとの公正な評価を加えることによって，福祉サービスを利用しようとする人びとに理解と安心をもたらすことが重要となる。

すでに医療分野では，1987（昭和62）年に日本医師会による病院機能評価マニュアル（自己評価）が始まっており，1997（平成9）年には，第三者評価である病院機能評価が開始され，医療サービスの質を高める努力を重ねている。

第2節　利用者の権利擁護と苦情解決

1　利用者の権利擁護と支援機関・専門職

　権利擁護とは，ソーシャルワーカーなどの支援者が，利用者自身の権利が主張できるように代弁または弁護しながら（自己決定の尊重），適切な保護と支援をするものである。

　その権利擁護を担う機関やその専門職は以下のとおりである。市町村行政には，障害者虐待通報の受け入れや保護，解決をはかる市町村障害者虐待防止センターがある。そして介護保険制度に基づく地域支援事業として，高齢者への権利擁護事業と虐待問題解決をはかる地域包括支援センターがある。

　市町村への指導機関としては都道府県行政がある。市町村と連携し，都道府県障害者権利擁護センターの設置や児童への虐待予防や保護と非行少年の更生保護を行う児童相談所を置いている。また，配偶者暴力相談支援センター（DVセンター）を設置し，暴力による被害者の救済と安全確保のための相談や保護を行っている。そして都道府県社会福祉協議会では，都道府県の指揮のもと運営適正化委員会を設置し，福祉サービス利用者への苦情解決制度を支援している。また，判断能力が不十分な人びとに対して日常生活自立支援事業を実施し，福祉サービス利用援助や金銭，書類などの管理を行っている。

　家庭裁判所では，成年後見制度の申し立て受付と開始の審判だけでなく，虐待児童の保護措置や親権（子どもを養育，保護する権利）の喪失や停止の審判も行っている。市町村でも成年後見制度利用支援事業を行い，行政施策から支援している。法務局では各市町村の人権擁護委員と連携して人権侵犯の調査や救済，予防をはかっている。また，刑務所の犯罪者更生や，再犯防止の支援も行っている。そして不登校，いじめ，体罰などの問題をかかえる教育分野，治療に対する患者の同意や身体拘束などの問題をかかえる医療分野における支援も重要となる。

　どの分野においても，本人の意思を尊重し権利を守り，自立のための支援が

なされなければ，詐欺や虐待，犯罪などの人権侵害が発生し再発する危険性がある。それらの対応には，医療・保健関係者や保育士，教師，弁護士，司法書士などの専門職と連携しながら，社会福祉士や精神保健福祉士などの相談援助職の果たす役割が期待される。

2 苦情解決制度

「社会福祉法」第82〜87条では，苦情解決制度が規定されている。その目的は，福祉サービス利用者の苦情を受けとめる仕組みをつくり，安心や希望，満足度につながるような福祉サービス利用を実現するためである。

この制度では，福祉サービス利用者は，苦情を事業者，運営適正化委員会[5]（都道府県社会福祉協議会に設けられた第三者的機関），そして都道府県に申し出ることができる。

苦情申し出を受付した事業者は，その内容を確認し，選任した第三者委員（苦情の相談・仲介者）と話し合い，苦情解決に努めなければならない。また，運営適正化委員会は苦情の申し出を受付すると相談助言，調査し，申し出人に苦情解決のあっせんをすることになる。ただし福祉サービス提供者と申出人である利用者の同意が必要になる。

そうした苦情を受けとめる仕組みを通じて不当な虐待やそのおそれがある場合は，都道府県知事にすみやかに通知する義務がある。

苦情申出の確認と話し合いには，事業者選任の第三者委員の参加が重要となる。高齢者分野では，市町村による任意事業として，介護サービス事業所に介護相談員[6]を派遣し，利用者の苦情相談にあたっているが，実施市町村が全国の約3割と低調である。やはり，単一の制度利用には限界がある。福祉サービス利用の有無にかかわらず，生活支援に対する苦情や相談がある限り，この制度を含め，他の支援を連携させて活用することが望まれる。

そこで自治体や民間団体では，福祉サービスに対する不安や思い，苦情を受けとめ相談解決できるように，オンブズマン制度を導入し始めている。その制

度は，福祉に限らず医療や労働分野などでも行われており，市民の代理人[7]としてサービスの必要な人びとを代弁する制度である。この制度では，サービスを必要とする人びとの苦情を聴き，受けとめ，解決すると同時に，行政や事業者に対し，利用情報の調査や公開を求める活動を行っている。

③ 日常生活自立支援事業

　福祉サービスを必要とする人びとは，意思や契約能力が不十分で権利侵害に対する不安を日常的に感じており，その不安を解消し，契約能力を補うための制度が必要となる。

　そこで整備されたのが日常生活自立支援事業である。支援の対象者は，特に認知症高齢者や知的障害者，精神障害者などであるが，判断能力が不十分で，生活上のサービス情報の理解や意思表示が困難な人であれば，この事業の対象となる。

　1999（平成11）年，厚生省の補助事業として，地域福祉権利擁護事業が始まり，2000年には「社会福祉法」第81条で福祉サービス利用援助事業として規定された。この事業は第2種社会福祉事業であり，後述の成年後見制度を補完するものとして位置づけられ，2007（平成19）年には日常生活自立支援事業に改称された。

　支援内容は，福祉サービスの利用援助として，その相談や助言，手続き，支払いの代行などや行政手続き，住宅貸借や改修，消費契約の支援，税金や保険，医療費，公共料金の支払いなどの日常的な金銭管理，そして証書，通帳書類や証明用印鑑の預かりなどである。この事業の利用契約が難しい場合でも，成年後見人などが代理人として，利用契約者になることによって，本人の判断能力に応じて，柔軟に支援を行うことができる。

　実施主体は都道府県（指定都市）社会福祉協議会であるが，支援方法は，その基幹的市区町村社会福祉協議会の専門員が相談を受け付け，支援計画を立て，利用契約を締結する。そして生活支援員を決定し，対象者のところへ派遣

し，サービス提供を行う。2013（平成25）年には全国で約4万2,300人の利用者がいる[8]。このサービス提供業務は，都道府県社会福祉協議会に設置された契約締結審査会が監督，支援し，困難事例への対処や指導を行っている。そして利用者から苦情があれば，運営適正化委員会が調査し解決にあたる。

第3節　成年後見制度

1　成年後見制度の意義

　従来の民法の一部を改正し，2000年度，新しい成年後見制度が施行された[9]。この制度は，本人保護の理念を継承しながら，新しく，自己決定の尊重，残存能力の活用，そして，ノーマライゼーションという理念が提起され，以下のように反映させている。

　成年後見制度では，家庭裁判所に選任された成年後見人などが[10]，判断能力が欠けるか，不十分な成人（本人）の契約などの法律行為について，代理や同意，取り消しによって，本人の判断力を保護，支援する。そして保護や支援では，身上配慮義務に従い，本人の意思を尊重した生活支援を行い，財産管理および身上監護（生活と療養監護）に努めなければならない。ただし，後見人などは，本人の医療契約や費用の支払いはできても，手術のような医療行為には，その同意を代理することまでは許されていない。

2　法定後見制度と任意後見制度

　成年後見制度には，申し立てに基づいて家庭裁判所が後見人などを選定する法定後見制度と，あらかじめ本人が将来の不安のために後見人を選び，財産契約などを結んだうえで実施される任意後見制度がある。

　また，成年後見だけでなく，未成年者を対象にした未成年後見がある。2012（平成24）年の「民法」改正により，子の利益のために，親権行使において虐待問題などがある場合，家庭裁判所は，親権喪失審判や親権停止（ただし2年

以内）の審判と管理権（子の財産管理）喪失の審判ができる。その親権を代理できる未成年後見人による後見が重要となる。

　成年後見制度は，申し立て権者が家庭裁判所に申し立てると，審判（審問，調査，必要に応じ鑑定）が行われ，審判が確定すれば登記される。そして家庭裁判所が選任した成年後見人，保佐人，補助人によって実施され，必要によりそれらの監督人が置かれる。未成年後見も含め，複数後見や法人後見も認められる。

　判断能力の不十分さの程度の重い順から，後見，保佐，補助という類型を設けている。成年後見の対象者は，財産管理が常に不可能であり，日常的な買い物などもできない人びとである。成年後見人は財産管理などに広く代理権と取消権があるが，ただし日用品購入などの取消まではできない。後見開始には本人の同意は必要としない。次に保佐の対象者は，財産管理は難しく常に援助が必要だが，買い物程度はできる人びとである。保佐人は重要な財産管理に限って同意権と取消権があり，申し立ての範囲内で家庭裁判所が定めた法律行為に限って代理権がある。保佐開始には本人の同意を必要とする。そして補助の対象者は，財産管理に不安があり，援助が必要な人びとである。その援助内容について，補助人は，申し立ての範囲内で家庭裁判所が定めた法律行為に限って，代理権，同意権，取消権がある。補助開始には本人の同意を必要とする。

　任意後見制度は，本人に判断能力があるときに，任意後見人を選んで，公正証書で任意後見契約を公証役場で結ぶ。そして将来において不安感が出て，後見などが必要になったときに，任意後見監督人選任の申し立てを家庭裁判所に行うと，後見などが開始される制度である。

③　成年後見制度と権利擁護支援

　成年後見制度は「民法」の範囲内にとどまらず，広く社会福祉支援と連携することでその効果が期待される。たとえば成年後見制度利用支援事業では，身寄りがない場合や費用が払えないような認知症の高齢者や障害者に対して，市

町村長の申し立てによって制度にかかる費用を補助し，福祉行政と専門職が協力し，後見などを行うことが可能となる。

　近年，単身高齢者世帯や高齢者夫婦世帯も増え，老老介護や仕事との両立で悩む家族が増え，地域の助け合い意識も薄れがちである。そのような状況で，高齢者や障害者を騙す事件や家族，親族内での虐待などの人権侵害が多発している。

　もはや親族だけによる介護や支援をふまえた後見には限界がある。その事実は，2013年度において成年後見と本人との関係でみた場合，家族・親族による成年後見などよりも第三者による後見が，半数以上の約58％となっていることにも現れている。[11]　その第三者の後見には，弁護士，司法書士，社会福祉士，社会福祉協議会，税理士，行政書士，精神保健福祉士，市民後見人などがかかわっている。

　この事実は，まさに「社会福祉法」第3条に示された「個人の尊厳の保持」を誠実に問うことであり，改めて，家族・親族を支援しつつも，信頼性の高い他者による支援を構築することが求められているといえる。たとえば，この制度に苦情解決制度や日常生活自立支援事業を取り入れ連携すれば，日々の生活問題や願いを敏速に受けとめた相談援助活動が展開できるだろう。また，社会福祉士や弁護士，司法書士などの専門職後見だけでなく，一般市民による市民後見人と連携しながら，複数または法人による後見を行うことも期待される。さらに，第三者評価やオンブズマン制度も取り入れ，専門職と市民が連携すれば，社会福祉支援を求める人びとに応じた権利擁護支援が期待される。

〈注〉
1 ）厚生労働省研究班『認知症有病率等調査について』社会保障審議会介護保険部会資料（平成25年6月6日）
2 ）内閣府『障害者白書（平成25年版）』p.2（2014年8月28日参照）
3 ）内閣府『高齢社会白書（平成25年版）』pp.39-41
4 ）市川一宏，日本地域福祉学会編『地域福祉事典』p.472

5）全国社会福祉協議会「苦情受付・解決の状況　平成24年度都道府県運営適正化委員会事業　実績報告」2014年, p.4
　この実績報告によると，2012年度には苦情が3,330件，相談が3,913件寄せられ，特徴として障害者が約半数を占めた。
6）厚生労働省老人保健福祉局高齢者支援課「介護相談員派遣事業について」平成25年3月全国介護保険・高齢者保健福祉担当課長会議資料, p.256
7）大友信勝・朝倉美江『福祉オンブズネット』一橋出版, 2002年, p.10
8）全国社会福祉協議会地域福祉権利擁護に関する検討委員会『「地域における権利擁護体制の構築の推進に向けて」調査研究報告書』2014年, p.10
9）禁治産・準禁治産制度である。この制度は家制度における財産保全が目的となっており，戸籍記載や配偶者による法定後見，また，禁治産者のすべての法律行為が取り消されるなど，非常に社会的偏見の強い制度であった。
10）前掲『「地域における権利擁護体制の構築の推進に向けて」調査研究報告』p.10
　この報告書によると，2012年度の成年後見申し立て件数が約3万5,000件で，前年比11％と年々増加している。
11）最高裁判所事務総局家庭局「成年後見関係事件の概況—平成25年1月〜12月」p.9
　http://www.courts.go.jp/vcms_lf/20140526koukengaikyou_h25.pdf（参照日：2014年8月28日）

〈参考文献〉
大友信勝・朝倉美江『福祉オンブズネット』一橋出版, 2002年
木村チヅコ・村上美好編『看護管理学習テキスト（第2版）　第3巻看護マネジメント論』日本看護協会出版会, 2011年
社会福祉士養成講座編集委員会編『権利擁護と成年後見制度（第4版）』中央法規, 2014年
精神保健福祉士・社会福祉士養成基礎セミナー編集委員会編『保健医療サービス論』へるす出版, 2009年
高山直樹・川村隆彦・大石剛一郎編『福祉キーワードシリーズ権利擁護』中央法規, 2002年
更田義彦『人権保障としての成年後見制度』一橋出版, 2002年

第9章

生活保護

第1節　生活保護の概要

1　生活保護とは

　生活保護制度は貧困（生活困窮）を対象とする制度であり，わが国における貧困対策としては，古くは「大宝律令」（701年）まで遡ることができる。その後「恤救規則」（1874（明治7）年）や「救護法」（1929（昭和4）年）などを経て，近代的な制度として確立されたのは第2次世界大戦後である。

　わが国では，1945（昭和20）年8月に終戦を迎え，敗戦の結果，多くの戦争被災者・失業者・戦災孤児などが発生し，人びとの生活も壊滅的で国民全体が貧困状況に陥った。そこで1946（昭和21）年9月には「生活保護法（旧法）」が制定されたが，怠惰な者に対する欠格条項や保護請求権・不服申立権がないなどの大きな問題があった。そのため，新憲法下での社会保障制度のあり方が議論された結果，1950（昭和25）年に現行の「生活保護法（新法）」として全面改正されることとなった。

　「日本国憲法」第25条では，「国民は健康で文化的な最低限度の生活を営む権利を有する」として，基本的人権のひとつである生存権を保障し，「生活保護法（新法）」第1条では，「この法律は，日本国憲法第25条に規定する理念に基づき，国が生活に困窮するすべての国民に対し，その困窮の程度に応じ，必要な保護を行い，その最低限度の生活を保障するとともに，その自立を助長

することを目的とする」と規定している。

2 公的扶助の概念

公的扶助には狭義と広義があり、狭義では生活保護のみを指し、広義では生活保護のほかに、年金などの社会手当・生活福祉資金貸付・公営住宅など低所得者対策を含む。[1]

生活保護を国民年金や厚生年金などの公的年金と比較して考えると、生活保護制度は次のような機能を有していることがわかる。公的年金は国民の保険料拠出を要件とし、一定の保険事故の発生に限定して画一的に支給されるいわゆる「防貧的機能（貧困を防ぐ機能）」であるのに対して、生活保護は保険料などの納付を要件とせず、貧困原因の如何を問わず経済的貧困状態のみに着目して最低生活費の不足分について支給されるいわゆる「救貧的機能（貧困から救う機能）」であるといえる。[2]

これらのことから、生活保護制度は「国民生活の最後の砦」や「国民生活のセーフティネット中のセーフティネット」などといわれている。[3]

第2節　生活保護の制度

1 生活保護の原理
（1）　国家責任による最低生活保障の原理

「日本国憲法」第25条に規定する理念に基づき、国が生活に困窮するすべての国民に対し、その困窮の程度に応じ、必要な保護を行い、その最低限度の生活を保障するとともに、その自立を助長することを目的とする。

（2）　無差別平等の原理

すべて国民は、この法律の定める要件を満たす限り、この法律による保護を無差別平等にうけることができる。つまり、性別や社会的身分などはもとより、生活困窮に陥った原因の如何は問わず、もっぱら生活に困窮しているかど

うかという経済状態だけに着目して保護を行う。
（3） 健康で文化的な最低生活保障の原理
　「日本国憲法」第25条に規定する生存権の保障を実現するためのものとして，この法律により保障される最低限度の生活は，健康で文化的な生活水準を維持することができるものでなければならない。
（4） 保護の補足性の原理
　保護は，生活に困窮する者がその利用し得る資産，能力，その他あらゆるものをその最低限度の生活の維持のために活用することを条件とし，また，民法に定める扶養義務者の扶養及び他の法律に定める扶助は，すべてこの法律による保護に優先して行わなければならない（他法他施策優先の原則）。
　生活保護をうけるためには，各自がその能力に応じて最善の努力をすることが先決であり，資産の活用，扶養義務者の扶養，社会福祉施策など社会的諸制度・諸施策の活用を行ってもなお足りない部分に対して，保護が行われる。そのため，福祉事務所のケースワーカー（社会福祉主事）による「ミーンズ・テスト」（資力調査）[4]が行われる。

2　生活保護の原則
（1） 申請保護の原則
　生活に困窮する国民は，申請によって保護の請求権を行使することが原則となっている。
　要保護者，その扶養義務者，その他の同居の親族が申請することにより，福祉事務所は申請から14日以内に要否の決定結果を書面によって通知しなければならない。
　要保護者が申請できない状態にあるときは福祉事務所長が職権により保護することができる。これを「職権保護」という。
（2） 基準及び程度の原則
　「日本国憲法」や「生活保護法」が保障する「健康で文化的な最低限度の生

活」について，年齢，世帯構成，所在地域などを勘案し，具体的な数字として，国（厚生労働大臣）により生活保護基準が示されている。国家が国民に対して最低限度の生活水準を保障することを「ナショナル・ミニマム」という。

保護の程度は，生活保護基準により測定した要保護者の需要をもととし，そのうちその者の金銭または物品で満たすことのできない不足分を補う程度において行うものとする。

(3) 必要即応の原則

保護は，画一的・機械的な運用ではなく，性別・年齢・健康状態などといった要保護者個々の実情または世帯における実際の必要の相違を考慮して，有効かつ適切に行われなければならない。

(4) 世帯単位の原則

保護の要否や程度は，世帯を単位として判定し実施する。つまり，個々の困窮者には保護の請求権があるが，保護が必要かどうか，あるいはどの程度の保護を要するかという判断は，その者の属している世帯全体の困窮状態を判断して行うということである。

ただし，例外として，一定の要件に該当すれば，その世帯から分離して保護を行うこともある。これを世帯分離という。

3 生活保護の種類

生活保護の種類としては，①生活扶助，②教育扶助，③住宅扶助，④医療扶助，⑤介護扶助，⑥出産扶助，⑦生業扶助，⑧葬祭扶助の8種類の扶助に分かれ，8種類の扶助のなかには費用をさらに細かく分類したものやそれぞれの事情に応じた加算が設けられているものもある（図9-1）。

なお図9-1にある勤労控除とは，就労に伴う収入から勤労控除を差し引いた金額を収入として認定し，その控除分が勤労者の手元に残る制度であり，勤労意欲の向上を図ることを主な目的としている。

第 9 章　生活保護　97

図 9-1　最低生活費の体系

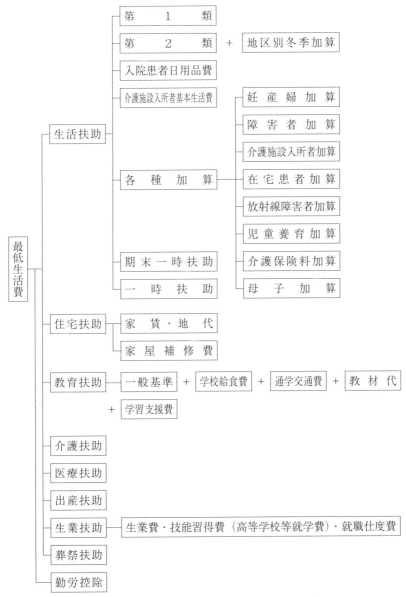

出所）生活保護制度研究会編『保護のてびき（平成 26 年度版）』第一法規，2014 年，p. 44

(1) 生活扶助

生活扶助とは，日常生活を営むうえでの基本的な需要を満たす費用を給付するものである。内訳として，第1類費（年齢別で飲食物費や被服費など個人的経費）と第2類費（世帯人員別で光熱水費や家具什器など世帯共通的経費）に分かれ，特別な需要のある者についてはさらに各種加算が合算されることとなる。

加算については，妊産婦加算，障害者加算，介護施設入所者加算，在宅患者加算，放射線障害者加算，児童養育加算，介護保険料加算，母子加算などがある。

生活扶助基準の改定は，マーケット・バスケット方式，エンゲル方式，格差縮小方式を経て，現在は水準均衡方式と呼ばれる方式で生活保護基準の設定がなされている。水準均衡方式は，一般国民との消費水準との比較における相対的なものとして設定すべきという「相対的水準論」[5]を採用しており，前年までの一般国民の消費水準との調整を図ることにより，一般国民の消費水準の動向に即して基準を改定するものである。

(2) 教育扶助

教育扶助とは，小中学校に就学している児童の義務教育に伴って必要な学用品，通学用品，学校給食などにあてられる費用を給付するものである。

教育扶助は，あくまでも義務教育に伴って必要な費用でなければならない。

(3) 住宅扶助

住宅扶助とは，家賃や間代，地代，補修費など，住宅の維持のためにあてられる費用を給付するものである。所在地域別に定められた基準の範囲内の額が支給される。

(4) 医療扶助

医療扶助とは，医師の診療，手術，薬剤，治療材費，入院，看護，移送などに要する費用を給付するものである。医療扶助は，指定医療機関において原則として現物給付される。

（5） 介護扶助

介護扶助とは，介護保険法に基づく居宅介護，福祉用具，住宅改修，施設介護，介護予防，介護予防福祉用具，介護予防住宅改修，移送に要する費用を給付するものである。介護扶助は，指定介護機関において介護サービスが原則として現物給付される。

（6） 出産扶助

出産扶助とは，分娩の介助，分娩前及び分娩後の処置，脱脂綿やガーゼその他の衛生材料などの費用を給付するものである。

（7） 生業扶助

生業扶助とは，生業（生活するための仕事）に必要な資金，器具または資料，生業に必要な技能の習得，就労のために必要なものの費用を給付するものであり，①生業費，②技能訓練費，③就職支度費の3つに分類できる。

ただし，生業扶助によってその者の収入を増加させ，またはその自立を助長することのできる見込みのある場合に限って給付する。

なお2005（平成17）年度以降，高等学校等就学費（基準額5,450円）が技能訓練費として給付されている。

（8） 葬祭扶助

葬祭扶助とは，検案（医師が死亡の事実を医学的に確認すること），死体の運搬，火葬または埋葬，納骨その他葬祭のために必要な費用を給付するものである。

4 就労自立給付金の創設

生活保護から脱却すると，税や社会保険料などの負担が生じるため，脱却直後の不安定な生活を支え再度保護に至ることを防止する仕組みが必要である。

そのため，保護受給中の就労収入のうち，収入認定された金額の範囲内で別途一定額を仮想的に積み立て，安定就労の機会を得たことなどにより保護廃止に至った時に支給する就労自立給付金制度が創設され，2014（平成26）年7月

1日より施行された。

この就労自立給付金は，単身世帯には上限10万円，多人数世帯には上限15万円を一括支給するものである。

5 生活保護の実施機関

生活保護の実施については，都道府県及び指定都市・中核市・市・福祉事務所を設置する町村が実施機関として責任を負っている。

福祉事務所の保護課は生活保護を実施する第1線の行政機関であり，管轄内の要保護者に対する保護を実施している。

6 生活保護の財源

2014年度における一般会計の国家予算は95兆8,823億円であり，そのうち生活保護費は2兆9,222億円である。1965（昭和40）年度の生活保護費は1,059億円であり，この50年間で約30倍近くに膨れあがっている。

なお生活保護に要する費用は，国が扶助費用の4分の3を負担し，実施機関である都道府県・指定都市・中核市・市及び福祉事務所を設置している市町村が4分の1を負担する。

7 保護施設

生活保護は居宅での保護を原則としているが，さまざまな理由から居宅では対応困難な場合には，施設での入所保護を行うこととなっている。

（1） 救護施設

身体上または精神上著しい障害があるために，日常生活を営むことが困難な要保護者を入所させ，生活扶助を行うことを目的とする施設である。

（2） 更生施設

身体上または精神上の理由により，養護及び生活指導を必要とする要保護者を入所させ，生活扶助を行うことを目的とする施設である。

(3) 医療保護施設

医療を必要とする要保護者に対して，医療の給付を行うことを目的とする施設である。

(4) 授産施設

身体上もしくは精神上の理由または世帯の事業により就業能力の限られている要保護者に対して，就労または技能の修得のために必要な機会及び便宜を与えて，その自立を助長することを目的とする施設である。

(5) 宿所提供施設

住居のない要保護者の世帯に対して，住宅扶助を行うことを目的とする施設である。

8 生活保護に関連する諸施策

生活保護法は他法他施策優先であり，実際に運用するためには生活保護制度以外の関連する諸施策について熟知しておく必要がある。

(1) 児童扶養手当

児童扶養手当は，離婚などにより夫がいない母子家庭の生活の安定と自立の促進に寄与することにより，児童の福祉の増進を図ることを目的とした手当である。

2014年度の手当額（月額）は，児童1人の場合，41,020円であり，支給制限として所得制限などがある。

(2) 特別児童扶養手当

特別児童扶養手当は，障害児を養育している者に対して支給される手当である。

2014年度の手当額（月額）は，重度（1級）障害児1人につき4万9,900円，中度（2級）障害児1人につき3万3,230円であり，支給制限として所得制限などがある。

(3) 児童手当

児童手当は，児童を養育している者に対して，支給を通して児童を養育する家庭の生活の安定に寄与し，次代を担う児童の健全育成に資することを目的としており，近年は少子化対策と連動した法改正がなされている。

2014年度の手当額（月額）は，0〜3歳未満は1万5,000円，3歳〜小学校修了前は1万円（第1子・第2子），1万5,000円（第3子以降），中学生1万円，所得制限世帯は5,000円である。

(4) 生活福祉資金貸付制度

生活福祉資金貸付制度は，公費を原資として低所得者世帯，障害者世帯，高齢者世帯に対し，低利または無利子での資金の貸付けと必要な相談支援を行うことにより，経済的自立と生活意欲の助長促進を図ることを目的としている。貸付資金の種類は，総合支援資金，福祉資金，教育支援資金，不動産担保型生活資金がある。

(5) 公営住宅制度

公営住宅制度は，国及び都道府県が協力して，健康で文化的な生活を営むに足りる住宅を整備し，住宅に困窮する低額所得者に対して低廉な家賃で提供することにより，国民生活の安定と社会福祉の増進に寄与することを目的としている。

(6) 生活困窮者自立支援法

2015（平成27）年4月1日，生活困窮者の就労・自立支援のための新法である「生活困窮者自立支援法」が施行される。この新法は，生活保護に至る前の段階の自立支援策の強化を図るため，生活困窮者に対し，自立支援相談事業の実施，住宅確保給付金の支給その他の支援が実施される。

第3節　生活保護の課題とは

生活保護世帯は1951（昭和26）年から1999（平成11）年頃までは概ね60万

世帯から70万世帯を推移し，被保護人員も90万人弱にまで減少傾向であった。しかしそれ以降は増加し続けており，2012（平成24）年には155万8,510世帯で，被保護人員も213万5,708人となっている。背景にあるのは，少子高齢化，非正規雇用の増加，核家族化，経済不況など複雑に入り組んだ社会構造の急激な変化によるものと思われる。生活保護関連の社会問題としては，生活保護の不正受給や複数から手に入れた処方薬の不正売買などの実態も明らかとなった。

　地域社会を見てみると，生活保護にまでは至っていないが生活は困窮しているといった住民も少なくなく，生活保護をうける前に餓死するといった孤立死のケースもある。社会的孤立からごみ屋敷となってしまうケースもあり，地域のつながりが希薄になっている状況がさまざまな社会問題となって表に現れ出してきている。

　このような社会的背景もあって，2012年8月に成立した社会保障制度改革推進法において，生活困窮者対策と生活保護制度の見直しについて総合的に取り組むこととなった。

　それによると，「健康で文化的な最低限度の生活」に対するセーフティネットを3層構造とし，社会保障制度及び労働保険制度を第1のネット，求職者支援制度（2011（平成23）年10月〜）及び生活困窮者対策（2015年4月〜）を第2のネット，生活保護を第3のネットとして重層化させることとした[6]。

　今後の課題としては，生活保護以外の重層的なセーフティネットの開発，労働環境など社会構造の改善，地域社会のつながり強化，ホームレス支援などといったさまざまな課題が山積している。

〈注〉
1）社会福祉士養成講座編集委員会編『低所得者に対する支援と生活保護制度（第2版）』中央法規，2010年，p.6
2）生活保護制度研究会編『保護のてびき（平成26年度版）』第一法規，2014年，pp.14-15

3）セーフティネット（安全網）とは，サーカスでの空中ブランコや綱渡りの場面で敷かれているハンモック状の安全ネットから転じて，社会生活において網の目のように安全策・救済策を張ることで，社会全体に対して安全・安心を提供するための仕組みをいう。
4）ミーンズ・テスト（資力調査）とは，公的扶助制度において，つまりわが国では生活保護法に基づいて，申請者の受給資格を判定するために行われる貯金・債権・資産活用能力などの調査をいう。
5）一般国民との消費水準との比較における相対的なものとして設定すべきとする相対的水準論が広く採用されているが，それに対して最低限度の生活基準を栄養学や社会学などの生活科学的見地を基礎として絶対的・固定的にとらえる全体的水準論がある。
6）厚生労働省社会・援護局「全国厚生労働関係部局長会議（労働分科会）資料～新たな生活困窮者自立支援制度について～（平成26年1月21日）」http://mhlw.go.jp/topics/2014/01/dl/tp0130-07-01p.pdf（参照日：2014年8月18日）

〈参考文献〉
成清美治・加納光子編『現代社会と福祉（第2版）』学文社，2010年
道中隆『生活保護と日本型ワーキングプア　貧困の固定化と世代間継承』ミネルヴァ書房，2009年
道中隆編『公的扶助ケースワーク実践Ⅰ　生活保護の面接必携』ミネルヴァ書房，2012年
道中隆編『公的扶助ケースワーク実践Ⅱ　生活保護のスーパービジョン』ミネルヴァ書房，2012年

第10章

児童家庭福祉

第1節　児童家庭福祉とは

① 児童家庭福祉と現代社会

　児童家庭福祉は社会福祉の考え方を基盤としている。社会福祉の考え方は，社会状況に沿って見直されてきた。児童家庭福祉の施策は時代によって子どもをどのようにとらえているかということにつながる。それは，次代を担う人間を育てるという一面だけでなく，人としての基礎を形づける大切な時期を保障し，子どもの主体性を尊重する社会の成熟性を表している。ときに日本は1945（昭和20）年の終戦まで，おびただしい犠牲を出す戦争を繰り返してきた。戦時中は富国強兵を目的とした母子保護であり，戦後は戦争で親を亡くした孤児や，困窮する子どもたちの救済・保護が中心であった。

　戦後久しく児童福祉は行政措置により施設入所を必要とする子どもを支えてきた。その後，社会福祉全体を見直すことを目的とした1990年代の社会福祉基礎構造改革を境に児童家庭福祉と呼ばれるようになった。地域福祉の充実，質の高いサービス提供，個人の自立支援が重視され，児童家庭福祉分野においても，保護的な福祉（ウェルフェア）から，予防や早期発見ができ，生活の質を高める福祉（ウェルビーイング）へ変化した。

　高度経済成長を経て，人や物，情報のグローバル化が進み，経済構造や生活環境は大きく変化した。それに伴い価値観の多様化ももたらされている。たと

えば，情報の双方向コミュニケーション技術は発達し，いつでも，どこでも，つながることができる多機能携帯電話などは一般家庭で普通に使われるようになった。便利な反面，あふれる情報の取捨選択は困難となり，文字や絵のやりとりで意見を交換し，お互いの真意を読み取ることができず，見えない集団の空気を読むことが重要視される会話が氾濫している。これまでもあった虐待やいじめなどを潜在化させ，深刻な社会問題となっている。子ども個人や家族だけでは解決できず，教育機関の対応を含め，新たな制度の創設や地域社会で防止策を考える必要がある。

また，児童虐待の件数は依然として高い水準であり，親と同居できない子どもたちの保護や，障害をもつ子どもの途切れない発達保障を推し進めていく必要もある。

2 児童家庭福祉の理念

理念とは，行動の根底にある基盤である。児童家庭福祉の理念は，「児童福祉法」で定めているとおり，すべての国民が子どもの成長を願い，のびのびと育つように協力しあうことや，保護者と国・地方自治体がその責任を担うことを明記している。

この考え方を広く普及するために，1951（昭和26）年に「児童憲章」を制定し，5月5日を「こどもの日」とした。「児童憲章」の前文では，「児童は，人として尊ばれる。児童は，社会の一員として重んぜられる。児童は，よい環境の中で育てられる」と謳われている。全12条ある憲章の最後に，「すべての児童は，愛とまことによって結ばれ，よい国民として人類の平和と文化に貢献するように，みちびかれる」と結ばれている。

3 子どもの権利保障

子どもの権利保障は，「子どもの最善の利益」を尊重しているかどうかが基本原則となる。たび重なる戦争や暴力，差別や貧困の一番の犠牲になる子ども

を守るために、1924（大正13）年に国際連盟が採択したのが、「児童の権利に関するジュネーブ宣言」（ジェノバ宣言）である。子どもの権利が世界規模で認められる最初のものとなった。それでも続く戦争を反省し、第2次世界大戦後、国際連合は1959（昭和34）年に「児童権利宣言」を採択する。この宣言を実行力のあるものとして発展させたものが、1989（平成元）年に採択された「子どもの権利条約」である。

「子どもの権利条約」の特徴は大きく「生きる権利」「育つ権利」「守られる権利」「参加する権利」の4つの権利で構成されている。この条文の随所に、養育者の意見だけでなく、子どもの意見を聴くこと、養育者の都合に巻き込まれないように子どもの生命と発達と主体性を尊重することを規定している。特に、第13条から第17条における市民として自由な権利を有しているとする市民権保障はとても重要である。

わが国は1994（平成6）年158番目の締約国となった。「子どもの権利条約」が示すとおり、徹底して子どもに寄り添うこと、そして子どもたちが抱える悲しみや喜びを感じ、生きていくために大切なものを子どもから教えてもらえることを示唆しているともいえるであろう。子どもの権利条約を学び直すことにより、見失っていた小さな声の大きさを私たちは今一度確かめることができるのではないだろうか。

第2節　児童家庭福祉の制度

ここでは、①児童家庭福祉にかかわる法律、②児童家庭福祉の関係法、③児童家庭福祉の実施機関、④児童家庭福祉施策と施設の概要について説明する。

1　児童家庭福祉にかかわる法律

(1)　児童福祉法

「児童福祉法」は児童家庭福祉の基本法として，第6章で構成されている。第1章「総則」の「児童福祉の理念」を紹介する。

　第1条　すべて国民は，児童が心身ともに健やかに生まれ，且つ，育成されるよう努めなければならない。
　　2　すべて児童は，ひとしくその生活を保障され，愛護されなければならない。
　第2条　国及び地方公共団体は，児童の保護者とともに，児童を心身ともに健やかに育成する責任を負う。
　第3条　前2条に規定するところは，児童の福祉を保障するための原理であり，この原理は，すべて児童に関する法令の施行にあたって，常に尊重されなければならない。

と規定されている。

　このほか，子どもの福祉に関する必要な調査や審議をするため，都道府県・市町村に置かれる機関である児童福祉審議会，児童相談所などに配属される専門職員である児童福祉司，子どもや妊産婦の保護や保健に関する援助・指導を行い，児童福祉司などに協力する民間奉仕者である児童委員などについて定義している。保育士についての定義もここに含まれている。

(2)　児童扶養手当法

　ひとり親家庭を対象とする法律である。父または母のどちらかの養育者が子どもと同居していない場合，子どもの育成される家庭生活の安定と子どもの自立を促すため，一定の金額を支給する法律である。2014（平成26）年の改正により，年金額が手当額を下回るとき，その差額分の手当を支給する公的年金などとの併給制限の見直しが同年12月に施行される。

(3)　母子及び父子並びに寡婦福祉法

　ひとり親家庭の生活支援について定めた法律である。ひとり親家庭の生活の

安定と向上のために必要な支援を提供し、ひとり親家庭の生活の向上を図ることを目的としている。母子及び寡婦福祉法の改正により、2014年10月から、父子家庭への支援を強化した内容となった。子育てや生活の支援として、就業支援の強化、子育て・生活支援の強化、施策の周知の強化などを定めた法律である。

(4) 母子保健法

母親と乳幼児の健康保持と増進を図るための法律である。そのための保健指導、1歳6か月児、及び3歳児に対しての健康診査、妊娠の届出、母子健康手帳の交付、その他、乳児家庭全戸訪問事業、養育支援訪問事業といった各家庭を訪問するアウトリーチ事業などを定めた法律である。

(5) 児童手当法

父母や養育者が子育てについての責任を有するという基本的認識のもとに、児童手当を支給することにより、家庭などにおける生活の安定、次代の社会を担う子どもの健やかな成長につながることを目的とした法律である。現在の支給対象は中学校卒業までの子どもを養育している者である。

(6) 特別児童扶養手当等の支給に関する法律

この法律は、特別児童扶養手当、障害児福祉手当、特別障害者手当の3つの法律について規定している。精神や身体に障害のある子どもについて手当を支給することにより福祉の増進を図ることを目的とした法律である。

2 児童家庭福祉の関係法

(1) 児童買春、児童ポルノに係る行為等の処罰及び児童の保護等に関する法律

子どもの性的搾取及び性的虐待が権利を著しく侵害することの重大性から、子どもの権利の擁護に関する国際的動向を踏まえ、児童買春、児童ポルノに係る行為等を処罰し、心や体に有害な影響をうけた子どもを保護し、子どもの権利を擁護することを目的とした法律である。

(2) 児童虐待の防止等に関する法律

児童虐待の相談件数は2013（平成25）年で7万3,765件と依然として増加している。児童虐待は子どもの人権を著しく侵害し，心と体の成長及び人格の形成に重大な影響を与えることから，児童虐待の防止と児童虐待に関わる行為を処罰し，心や体に有害な影響をうけた子どもを保護し，子どもの権利を擁護することを目的とした法律である。2回の改正が行われ，通告の義務化，安全確認のための立入調査を強化した。虐待内容を ① 身体的虐待，② 性的虐待，③ ネグレクト（育児放棄），④ 心理的虐待と定義している。

(3) 配偶者からの暴力の防止及び被害者の保護等に関する法律

配偶者からの暴力に係る通報，相談，保護，自立支援等の体制を整備することにより，配偶者からの暴力の防止及び被害者の保護を図るため，この法律を制定した。配偶者暴力相談支援センターの業務内容や被害者を守る保護命令等を定めている。

3 児童家庭福祉の実施機関

(1) 国，都道府県，市町村の役割

1）国の役割

国の役割として，厚生労働省の「雇用均等・児童家庭局」が児童家庭福祉の推進を行っている。

雇用均等・児童家庭局の主な仕事として，雇用の分野における男女の均等な機会と待遇の確保に関することや育児や介護を行う労働者の福祉の増進やその他の労働者の家族問題に関することなど多岐にわたっている。

2）都道府県の役割

都道府県と政令指定都市は，広域の取り組みが必要な調査や福祉事業を実施，市町村の児童家庭福祉施策への助言，支援，指導を行う。各市町村で作成する次世代育成支援対策推進法の行動計画の協力をするため，都道府県行動計画を策定しその方向性を示すことになっている。

都道府県，政令指定都市は児童福祉審議会を設置し，児童家庭福祉に関する動向を踏まえ必要な福祉に関する審議を行う。構成は調査審議を行う委員20名で組織される。

3）市町村の役割

市町村は住民に一番近い取り組みを行う実施機関である。住民のニーズを把握し，必要な福祉を提供する仕事全般を行っている。① 児童相談に関する一義的な相談体制の整備，② 要保護児童に対する支援ネットワークの運営，整備，③ 虐待の予防や早期発見の促進を担っている。

4）児童相談所

児童相談所は「児童福祉法」第12条に設置義務が規定されており，各都道府県に置かれている。その機能は ① 市町村援助と相談機能，② 一時保護機能，③ 措置機能である。

5）要保護児童対策地域協議会

2004（平成16）年の「児童福祉法」改正において，市町村の体制強化のため，関係機関が連携する仕組みづくりとして，要保護児童対策地域協議会が設置されることになった。

その目的は ① 早期発見・早期対応，② 関係機関の連携，③ 担当者の意識変化を目的としている。近年，地域には多くの支援機関が存在し，それぞれの役割を行っている。その機能を有機的につなげ，複合する生活困難を抱える家庭を支える協議会として期待されている。

4 児童家庭福祉施策と施設の概要

(1) 育成を目的とした施設

1）保育所

「児童福祉法」における保育所の役割は，養護及び教育を一体的に行うことが求められている。子どもの発達支援に加え，保護者に対する支援や地域の子育て家庭に対する支援も規定されている。2008（平成20）年の「保育所保育指

針」の改定によりこれらの役割が明確に示されており，保育職における専門性の向上が求められている。

2）児童家庭支援センター

地域の子どもの福祉に関する各般の問題につき，子ども，ひとり親家庭，なんらかの生活困難を抱える家庭について，地域住民からの相談に応じ，必要な助言や指導を行う。また，児童相談所，児童福祉施設などと連絡調整し，総合的な援助を行う施設である。

（2）養護を必要とする施策と施設

1）乳児院

乳児を入院させて養育し，退院した後も，相談や援助を行うことを目的とした施設である。

2）児童養護施設

保護者のいない子ども，虐待などにより，環境上養護を要する子どもが入所し，退所した後も，自立のための援助を行う施設である。

3）里親制度

何らかの事情により家庭で養育が困難になった子どもに，一般家庭の家庭環境のもとで養育を提供する制度である。養育里親，専門里親，養子縁組希望里親，親族里親の4つの類型がある。

4）児童自立支援施設

不良行為を繰り返す子どもや，家庭環境上の理由により生活指導を要する子どもを入所させたり，養育者の下から通わせたりして，子どもの状況に応じて必要な指導を行い，自立を支援し，退所した後も相談や援助を行う施設である。

（3）障害をもつ児童の施策と施設

「障害者自立支援法」（2013（平成25）年「障害者総合支援法」に改称）が2005（平成17）年に成立し，それまでの療護施設や更生施設は障害者支援施設へと順次移行していった。障害児施設においても，2012（平成24）年に障害種別の

分類はなくなり、入所支援は「障害児入所施設」、通所支援は「児童発達支援センター」となった。

1) 障害児入所施設

知的障害のある子どもや肢体不自由のある子ども、重度障害のある子どもなどが、施設や指定医療機関に入所し、日常生活の指導や生きていくための知識や技術を習得するための施設である。福祉型の施設では、① 食事、排せつ、入浴などの介護、② 日常生活上の相談支援、助言、③ 身体能力、日常生活能力の維持・向上のための訓練、④ レクリエーション活動などの社会参加活動支援、⑤ コミュニケーション支援を行う。医療型の施設では疾病の治療、看護を提供できる。

2) 児童発達支援センター

地域の障害のある子どもを通所させて、日常生活における基本的動作の指導、自活に必要な知識や技能の習得、または集団生活への適応訓練を行う施設である。福祉型の施設では、授業後を支援する放課後等デイサービスや子どもが利用している保育所などに専門職が訪問する保育所等訪問支援がある。医療型の施設では上下肢の機能訓練を含めた発達障害支援などの治療を提供できる。

(4) その他

母子家庭の自立やDV（ドメスティック・バイオレンス）などの母子保護を目的とした母子生活支援施設がある。その他に、児童厚生施設として児童館や児童遊園がある。また、近年における女性の就労環境整備事業のひとつとして、小学校低学年の児童健全育成対策として整備された放課後児童健全育成事業の強化が待たれる。

第3節　児童家庭福祉の課題

児童家庭福祉は、すべての児童を対象とする施策と、複雑な課題を抱える家

庭を支える2つの方向性が求められている。次世代育成と深く関わる施策が必要となる一方で，家庭の機能不全への専門的な対応などが求められる。ひとつの機関だけで解決できない課題も多く，行政，福祉関係，教育機関，地域の社会資源との有機的な連携が必要となる。各地方自治体では連携マップを作成している。その連携を実効性のあるものにするため，各機関，部署の役割とコーディネートのあり方を明確にすることが求められている。

　現在，強化推進が必要な事業は，①一般の子育て家庭を対象とした地域拠点事業の充実，②次世代育成事業として，2010（平成22）年に施行された「子ども・若者育成支援推進法」に基づく「子ども・若者ビジョン」に示されているニートや子どもの貧困などへの対策，③障害のある子どもを含め，子育てを支援する機関から教育機関への移行をスムーズに行うための小学校や福祉事業所との連携，④協議会の活用として，地域における社会資源をコーディネートする要保護児童対策地域協議会の強化が必要である。

〈参考文献〉
千葉茂明編『新・エッセンシャル　児童・家庭福祉論』みらい，2010年
福祉医療機構　WAMNET「児童福祉制度解説」
　http://www.wam.go.jp/content/wamnet/pcpub/jidou/handbook/system/（参照日：2014年8月25日）
内閣府共生社会政策統括官，青少年育成「ユースアドバイザー養成プログラム（改訂版）」2007年，第4章
　http://www8.cao.go.jp/youth/kenkyu/h19-2/html/4_1_5.html（参照日：2014年8月25日）
森田明美「子どもの権利条約の理念をふまえた保育実践」全国保育協議会『ぜんほきょう』6月号，全国社会福祉協議会，2012年
吉田眞理『児童の福祉を支える児童家庭福祉』萌文書林，2010年

第 11 章

高齢者福祉

第1節 高齢者福祉の概要

1 高齢者福祉とは

　高齢者と聞いてイメージをすることは、経験豊富で物知りであったり杖をついて歩いている、白髪が増えるといった老化に伴うことの情景であろう。しかしながら、高齢社会になった今も、私たちは高齢者を身近に感じることが少ないまま生活を送っているのではないだろうか。いつか誰しもが迎える高齢期をより良い人生にしていくことは大切な認識である。

2 法律における高齢者福祉の理念

　「老人福祉法」の第2条では、「老人は、多年にわたり社会の進展に寄与してきた者として、かつ、豊富な知識と経験を有するものとして敬愛されるとともに、生きがいを持てる健全で安らかな生活を保障されるものとする」とされている。第3条では「老人は、老齢に伴つて生ずる心身の変化を自覚して、常に心身の健康を保持し、又は、その知識と経験を活用して、社会的活動に参加するように努めるものとする。② 老人は、その希望と能力に応じ、適当な仕事に従事する機会とその他社会的活動に参加する機会を与えられるものとする」とされている。この法律のなかでは、高齢者は何歳からであるといった年齢の記載はない。しかし、老人ホームに措置で入所する場合のみ、65歳以上を対

象とするとされている。

③ ライフサイクルの変化からみる高齢者

『厚生労働白書（平成24年版）』の「人口動態統計」によると3つの時代の日本の平均的なライフサイクルが掲載されている。図11-1をみるとわが国の「平均寿命」が著しく伸びていることがわかる。具体的には1961（昭和36）年には，夫72.4歳，妻73.5歳，2009（平成21）年には，夫80.8年，妻86.6歳と伸びている。寿命の延びに伴い老後の期間が長くなっている。背景には，第2次世界大戦後のわが国が平和であることはもちろん，高度経済成長に伴い公衆衛生の進歩，良好な栄養状態・医療技術の向上により長生きできるようになった。老後をいかに社会とのかかわりと支えのなかで，より良く暮らしていけるようにしていくかが重要である。

④ 高齢化の進展

わが国の65歳以上の「高齢者人口」は，1950（昭和25）年には総人口の5％に満たなかったが，1970（昭和45）年に7％を越え，WHOが定義している「高齢化社会」の水準となった。さらに，1994（平成6）年にはその倍の水準である14％を越え「高齢社会」になった。2012（平成24）年には，高齢化率は24.1％となった。2035（平成47）年には33.4％で3人に1人が高齢者になると見込まれている。高齢者人口を男女別にみると，女性の方が長寿である。長寿は後期高齢者人口の増加につながり，介護・医療など社会保障を必要とする高齢者が増加していくことが予想される。

⑤ 高齢者の世帯状況

厚生労働省の2010（平成22）年国民基礎調査概況の「65歳以上の者のいる世帯状況」の調査結果によると高齢者世帯は全世帯の42.6％であった。世帯構造は「夫婦のみ世帯」がもっとも多く（29.9％），次いで「単独世帯」（24.2

図11-1 統計でみた平均的なライフサイクル

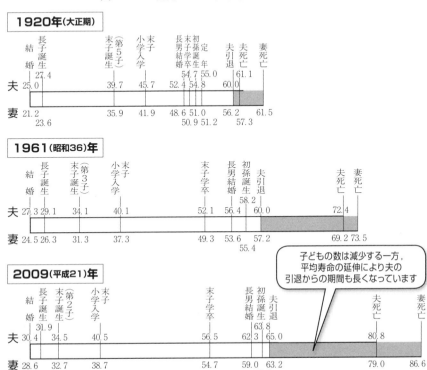

(資料) 1920年は厚生省『昭和59年厚生白書』、1961年、2009年は厚生労働省大臣官房統計情報部「人口動態統計」等より厚生労働省政策統括官付政策評価官室において作成。
(注) 価値観の多様化により、人生の選択肢も多くなってきており、統計でみた平均的なライフスタイルに合致しない場合が多くなっていることに留意する必要がある。
(出所) 厚生労働省「社会保持・税一体改革について」(社会保障・税一体改革大綱説明資料) より。

%)、「親と未婚の子のみの世帯」(18.5%)であった。このことは、高齢者の今後直面するであろう介護や生活問題に関係してくる。家族のみの支えでなく、社会全体で高齢者を支える仕組みが必要となってきた。

第2節　高齢者福祉の制度

1　老人福祉法

　第2次世界大戦後に連合国軍最高司令官総司令部（GHQ）の改革により，1946（昭和21）年に公布された「日本国憲法」の理念に基づき，生存権・無差別平等の保護・最低生活の保障を目的に社会福祉三法が先立ち制定された。のちに，社会福祉六法になった。社会的背景など社会福祉サービスの対象と問題に応じて制定され，高齢者に関する法律は，1963（昭和38）年に「老人福祉法」が施行された。第1条には，「この法律は，老人の福祉に関する原理を明らかにするとともに，老人に対し，その心身の健康の保持及び生活の安定のために必要な措置を講じ，もつて老人の福祉を図ることを目的とする」と定められている。

2　老人医療・老人保健

　1973（昭和48）年，高齢者の医療費の自己負担を「老人福祉法」で負担をするという老人医療が無料化となった。しかし，この無料化は医療機関の適正な利用をしない高齢者が増加し，老人医療費の増加を招いた。そのことをうけ，「老人保健法」が1983（昭和58）年に施行された。この法律により高齢者の医療費の負担が無料ではなくなり，高齢者の自己負担は外来では1ヵ月400円，入院では1日300円（2ヵ月限度）と定められた。定額負担をしてもらうことで，増大する医療費の削減につながると考えられていた。しかし，少子高齢化の進展のため，医療費は増大する一方であり，医療費について，後期高齢者医療制度へと改革を重ねられていった。

3　介護保険法

　高齢化の進展に伴い，介護ニーズはますます高まる一方であった。さらに核家族化の進行，介護する家族の高齢化など，要介護高齢者を支えてきた家族を

めぐる状況も変化してきた。そのことをうけて、高齢者の介護を社会全体で支えあう仕組みとして、「介護保険法」が、2000（平成12）年に施行された。「介護保険法」は、わが国では5番目の社会保険方式をとる社会保障制度である。

(1) 介護保険制度の目的

「介護保険法」第1条では、「加齢に伴って生ずる心身の変化に起因する疾患等により要介護状態となり、入浴、排せつ、食事等の介護、機能訓練並びに看護及び療養上の管理その他の医療を要する者等について、これらの者が尊厳を保持し、その有する能力に応じ自立した日常生活を営むことができるよう、必要な保健医療サービス及び福祉サービスに係る給付を行うため、国民の共同連帯の理念に基づき介護保険制度を設け、その行う保険給付等に関して必要な事項を定め、もって国民の保険医療の向上及び福祉の増進を図ることを目的とする」と規定されている。単に介護を要する高齢者の身の回りの世話をすることを超えて、高齢者の自立を支援することが理念である。

(2) 介護保険制度の運用

介護保険制度の運用主体である保険者は、市町村である。私たちに身近な行政単位の市町村が保険者となり、国、都道府県、医療保険者が支え合って成り立っている制度である。この介護保険に加入する人を被保険者という。介護保険制度では、すべての40歳以上の人が加入することになっている。被保険者は、年齢によって大きく2つに分かれている。そのひとつに65歳以上の者を「第1号被保険者」という。第1号被保険者は、認知症など介護が必要な状態になったとき、サービスをうけることができる。もう一方、40歳以上64歳までの医療保険に加入している人を「第2号被保険者」という。第2号被保険者は、老化が原因とされる疾患等介護保険法で定められている特定疾病により、介護が必要となった場合にサービスをうけることができる。

(3) 介護保険の保険料

介護保険制度は、被保険者から徴収する保険料と公費（税金）を財源に運営されている。保険料については、一人ひとりに対して計算され、徴収される。

第1号被保険者の保険料は，住んでいる市町村によって支払う保険料は異なる。また，保険料については，負担が重くならないように所得に応じて定められている。保険料の徴収方法については，第1号被保険者の保険料は年金から天引きする特別徴収となっている。第2号被保険者については，加入している医療保険者が医療保険料の徴収に合わせて，一括して保険者に納めるようになっている。

(4) 介護保険給付と利用者負担

要介護・支援者は，多様な居宅サービス・施設サービス・介護予防サービス・地域密着型介護（予防）サービスを利用することができる。それらの介護サービスを利用した際に費用の1割を利用者が負担することになっている。

(5) 介護保険サービスの利用と要介護認定

介護サービスを利用するには，まず市町村もしくは地域包括支援センターの窓口で要介護申請を行うことから始まる。申請後，市区町村は認定調査を実施し，主治医意見書の作成依頼を行う。認定調査結果（1次判定）と主治医意見書に基づき，介護認定審査会で2次判定が行われ要介護度が決定される。その後，要介護者は，指定居宅介護支援事業所を自由に選択し，事業所と契約を結ぶ。指定居宅介護支援事業者の介護支援専門員は，専門的観点により要介護者の希望を聞きながらアセスメントを行い，サービス担当者会議を開催しより専門的・効果的なサービス計画書を作成し，介護サービスの利用が開始となる。

4 高齢者虐待防止法

「高齢者虐待の防止，高齢者の養護者に対する支援等に関する法律」（高齢者虐待防止法）は，第1条において，「高齢者に対する虐待が深刻な状況にあり，高齢者の尊厳の保持にとって高齢者に対する虐待を防止することが極めて重要であること等にかんがみ，高齢者虐待防止に関する国の責務，高齢者虐待をうけた高齢者に対する保護のための措置，養護者の負担の軽減を図ること等の養護者に対する養護者による高齢者虐待防止に資する支援（以下「養護者に対す

る支援」という。）のための措置等を定めることにより，高齢者虐待の防止，養護者に対する支援等に関する施策を促進し，もって高齢者の権利利益の擁護に資することを目的とする」とされている。児童虐待防止法に続き，高齢者の権利擁護もこの法律によって明確に規定された。高齢者虐待防止法では，高齢者と関わるすべての人がこの法律の対象となったのである。

第3節　高齢者福祉の課題

1　「肩車型」社会へ

今後，急速に高齢化が進み，やがて，図11-2のように1人の若者が1人の高齢者を支えるという厳しい社会（肩車型）が訪れると予測されている。どのように高齢期を迎えるための準備をしておくか，年金制度の見直しなど，社会保障体制を検討していく必要がある。また，認知症高齢者の増加も見込まれるなか，地域で高齢者を孤立させない社会の仕組みも必要である。

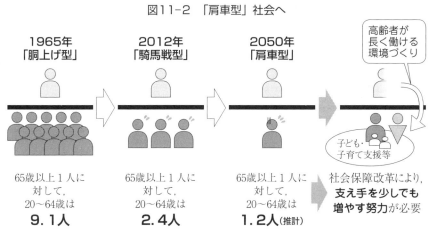

図11-2　「肩車型」社会へ

出所）厚生労働省「社会保持・税一体改革について」（社会保障・税一体改革大綱説明資料）より。

2 高齢者におけるサービス付きの住宅の供給

　わが国におけるサービス付き住宅の供給は，欧米諸国に比べて遅れているのが現状である。住み慣れた地域でより長く暮らし続けていくために住居は，とても重要であるが，日本家屋の特徴として，室内が畳敷きで床座生活である，段差が多いなどがある。高齢者の事故は，家屋内の転倒事故がもっとも多く，高齢者の心身の状態に応じた住居をできるだけ早い段階で住み替え，確保していくことが重要課題である。

〈注〉
1) 2050年には，65歳人口に対して20歳から64歳までの人口がほぼ同じ数になるため，一人にかかる負担がとても大きくなると推定されている。

〈参考文献〉
介護支援専門員実務研修テキスト編集委員会編『(六訂) 介護支援専門員実務研修テキスト』長寿社会開発センター，2012年
厚生統計協会『国民の福祉の動向2010／2011』2010年
厚生労働統計協会『国民の福祉の動向2011／2012』2011年
厚生労働統計協会『国民の福祉と介護の動向2012／2013』2012年
厚生労働統計協会『国民の福祉と介護の動向2013／2014』2013年
厚生労働統計協会『国民の福祉と介護の動向2014／2015』2014年
厚生労働省編『厚生労働白書 (平成24年版)』2012年
厚生労働省「社会保障・税一体改革について」(社会保障・税一体改革大綱説明資料)
　　http://www.mhlw.go.jp/stf/shingi/2r985200000297nt-att/2r98520000029akc.pdf
　　(参照日：2014年9月28日)
内閣府「将来推計人口でみる50年後の日本」
　　http://www8.cao.go.jp/kourei/whitepaper/w-2013/zenbun/s1_1_1_02.html (参照日：2014年9月28日)

第12章

障害者福祉

第1節　障害者福祉とは

　障害者福祉を学ぶには，まず「障害とは何か」について理解することが必要である。国際的には，1980（昭和55）年に，世界保健機関（WHO）が翌年の「国際障害者年[1]」を実施するに際して，図12-1のICIDHを発表して，障害の分類を「機能障害」「能力障害」「社会的不利」の3つの側面からとらえた。

　しかし，この定義では，障害を一元的にとらえすぎるとの批判があり，改訂が求められた。

　その後，2001（平成13）年に新たに障害を個人と環境要因からとらえた図12-2のICFに改訂された。それまでの障害を医学的視点からだけではなく，生活上の困難性からとらえることが大きな変化である。

　わが国では，古くから障害児・者は家族が主として世話をする意識が強く，障害者の社会参加や自立に対する制度は存在しなかった。

　第2次世界大戦前においては，一般的な窮民対策として1874（明治7）年に「恤救規則[2]」や1929（昭和4）年に「救護法[3]」が制定され，そのなかで障害者が救貧の対象とされた。また，精神障害者に対しては，1875（明治8）年に施行された「路上の狂癲人の取扱いに関する行政警察規則」を代表にして，治安・取締りの対象でしかなかった。

　その後も，障害者施策による保護も実施したが，主としては「家族依存によ

図12-1　ICIDH（International Classification of Inpairments Disabilities and Handicaps）による障害の定義

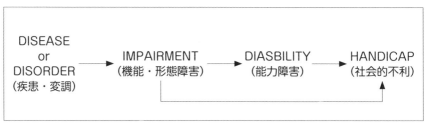

出所）福祉士養成講座編集委員会『障害者福祉論（第3版）』中央法規，2005年，p.27）

図12-2　ICF（International Classification of Functioning, Disability and Health）による障害の定義

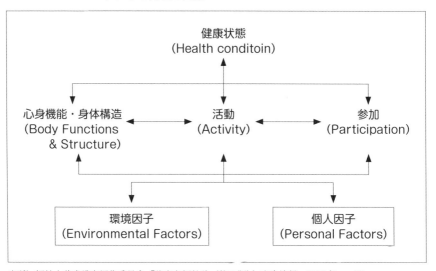

出所）福祉士養成講座編集委員会『障害者福祉論（第3版）』中央法規，2005年，p.27

る保護・監督」である。数少ない民間の篤志家，宗教家，社会事業者による支援が細々と実施されていた時代が続いた。唯一，国家としての支援対象は1917（大正6）年に施行された「軍事扶助法」による傷痍軍人のみに限られていた。

第2節　障害者福祉の制度

1　障害者福祉制度の歴史的展開

　わが国において，国が管轄する障害者福祉制度として確立したのは，第2次世界大戦以降からである。

　具体的には，1945（昭和20）年に第2次世界大戦が終わり，多数の傷痍軍人が帰国してくることへの対応として，最初に制度化されたのが，1949（昭和24）年の「身体障害者福祉法」である。その後，1950（昭和25）年の「精神衛生法（現：「精神保健及び精神障害者の福祉に関する法律」）、1960（昭和35）年の「精神薄弱者福祉法」（1998（平成10）年，「知的障害者福祉法」と改称）と経済成長とともに，障害者に対する福祉施策が進められた。しかし，その主流は，障害者を社会から分別する入所施設の増設であり，障害者が地域で生活する支援は少なかった。このような傾向は，精神病者に対する施策においては，一層顕著なものであり，最近まで精神病院に入院主体の施策が主流であった。[4]

　1990年代以降，精神病院からの地域生活移行が進められているが，現在も退院後の地域生活支援が不十分なために，大幅な減少には至っていない。

　2003（平成15）年4月に，「支援費制度」が導入されて，従来の「措置制度（全額公費によるサービス提供）」から，一部自己負担によるサービス利用へと大きく転換された。措置制度では行政がサービスの利用施設や内容などを決めていたが，支援費制度では障害者の自己決定に基づきサービスの利用ができるようになった。しかし，外出支援サービスなどの新たなサービス利用者数の増大による財源問題，障害種別（身体障害，知的障害，精神障害）間のサービスの格差，サービス水準の地域格差など，新たな課題が生じてきた。

　これらの課題を解消するため，2005（平成17）年11月に「障害者自立支援法」が公布された。この法律では，これまで障害種別ごとに異なっていたサービス体系を一元化，障害の状態を示す全国共通の尺度として「障害支援区分」が導入され，支給決定のプロセスの明確化・透明化が図られた。また，安定的

な財源確保のために，国が費用の2分の1を義務的に負担する一方で，サービス量に応じた定率の利用者負担は継続された。

この利用者負担については，さまざまな反対意見もあり，多くの自治体では軽減策が講じられている。

2010（平成22）年の法律改正では，利用者負担が抜本的に見直され，これまでの利用量に応じた1割を上限とした定率負担から，負担能力に応じたもの（応能負担）になり2012（平成24）年4月から実施されている。

また，2012年6月には，より地域社会での生活実現のために，「地域社会における共生の実現に向けて新たな障害保健福祉施策を講ずるための関係法律の整備に関する法律」が公布され，2013（平成25）年4月から現在の「障害者の日常生活及び社会生活を総合的に支援するための法律（障害者総合支援法）」の施行となった。この法律では障害者の範囲に難病などが追加され，障害者に対する支援，特に地域生活を実現，継続させるための相談・支援，就労支援のなどサービスの拡充が行われた。

2 現在の障害者福祉サービス体系

提供される福祉サービスは，個々の障害者の障害程度や生活環境（社会活動や介護者，居住等の状況）を全体的にとらえて，個別に支給決定が行われる「障害福祉サービス」と，市町村の創意工夫により，利用者の方々の状況に応じて柔軟に実施できる「地域生活支援事業」に大別される。

主な内容としては，介護の支援をうける場合には「介護給付」，訓練等の支援をうける場合は「訓練等給付」と利用の際のプロセスが異なる。また，提供されるサービスには期限のあるものと期限のないものがあるが，有期限であっても必要に応じて支給決定の更新（延長）は一定程度，可能となっている。

1）在宅生活を支援するサービス

① 居宅介護（ホームヘルプ）

自宅で，入浴，排せつ，食事の介護などを提供する。

第12章 障害者福祉

図12-3 障害者に提供されるサービス（障害者福祉制度の概要）

```
┌─ 市区町村 ──────────────────────────────────────┐
│                                                │
│              ■自 立 支 援 給 付■                │
│                                                │
│   介 護 給 付                  訓 練 等 給 付    │
│   ・・・・・・・・               ・・・・・・・・  │
│  ・居宅介護                    ・自立訓練       │
│   （ホームヘルプ）             ・就労移行支援   │
│  ・重度訪問介護                ・就労継続支援   │
│  ・同行援護                    ・共同生活援助   │
│  ・行動援護                     （グループホーム）│
│  ・重度障害者等包括支援                         │
│  ・短期入所                    自立支援医療     │
│   （ショートステイ）                            │
│  ・療養介護                    ・更生医療       │
│  ・生活介護                    ・育成医療       │
│  ・施設入所介護                ・精神通院医療*   │
│  ・共同生活介護               （*は，実施主体は都道府県等）│
│   （ケアホーム）                               │
│                                補 装 具        │
│                                                │
│                                地域相談支援給付 │
│                                計画相談支援給付 │
│                                                │
│              ■地域生活支援事業■                │
│                                                │
│  ・相談支援      ・地域活動支援センター機能強化  ・意思疎通支援 │
│  ・福祉ホーム    ・日常生活用具の給付または貸与  ・移動支援     │
│  ・成年後見制度利用支援 ・理解促進研修・啓発     ・自発的活動支援 等│
└────────────────────────────────────────────────┘
                        ↑ 支援
           ・専門性の高い相談支援  ・広域的な対応が必要な事業 等
                   ■都 道 府 県■
```

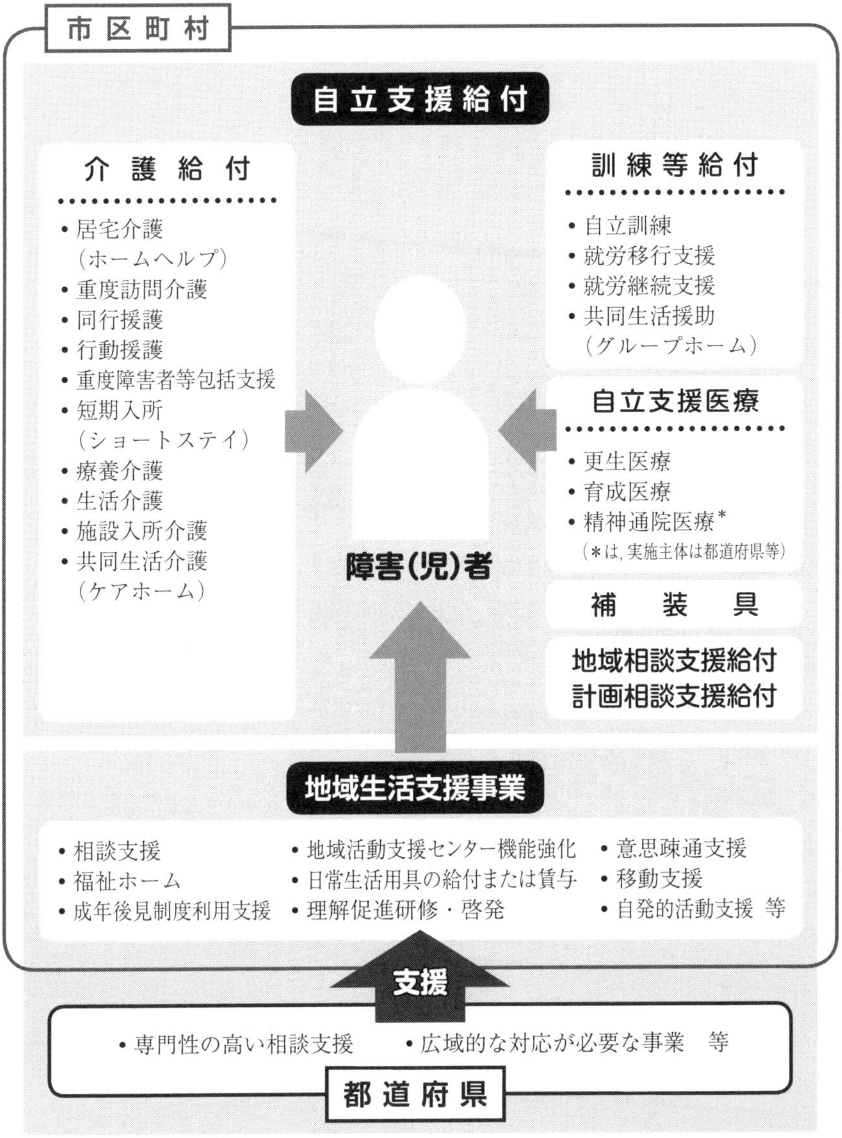

出所）WAM NET「障害者福祉制度の概要」http://www.wam.go.jp/content/wamnet/pcpub/syogai/handbook/system/（参照日：2014年8月10日）

② 重度訪問介護

重度の肢体不自由者，知的障害者，精神障害者で常に介護を必要とする人に，自宅で入浴，排せつ，食事の介護，外出時における移動支援などを総合的に提供する。

③ 重度障害者等包括支援

介護の必要性がとても高い人に，居宅介護等複数のサービスを包括的に提供する。

④ 短期入所（ショートステイ）

自宅で介護する人が病気の場合などに，短期間，夜間も含め施設などで，入浴，排せつ，食事の介護などを提供する。

2）外出を支援するサービス

① 同行援護

視覚障害により，移動に著しい困難を有する人に，移動に必要な情報の提供（代筆・代読を含む），移動の援護などの外出支援を提供する。

② 行動援護

自己判断能力が制限されている人が行動するときに，危険を回避するために必要な支援，外出支援を提供する。

3）昼間の生活を支援するサービス

① 療養介護

医療と常時介護を必要とする人に，医療機関で機能訓練，療養上の管理，看護，介護及び日常生活のケアを提供する。

② 生活介護

常に介護を必要とする人に，昼間，入浴，排せつ，食事の介護などを行うとともに，創作的活動または生産活動の機会を提供する。

4）住まいの場としてのサービス

① 施設入所支援

施設に入所する人に，夜間や休日，入浴，排せつ，食事の介護などを提供す

る。

② 共同生活援助（グループホーム）

グループホームの入居者に，夜間や休日に入浴，排泄，食事の介護等を提供する。

5）訓練のためのサービス

① 自立訓練（機能訓練・生活訓練）

自立した日常生活または社会生活ができるよう，一定期間，身体機能または生活能力の向上のために必要な訓練を提供する。

② 宿泊型自立訓練

知的障害者または精神障害者に対して，居室その他の設備を提供し，家事などの日常生活能力を向上するための支援，生活などに関する相談・助言などの必要な支援を行う。

③ 就労移行支援

一般企業などへの就労を希望する人に，一定期間，就労に必要な知識及び能力の向上のために必要な訓練を提供する。

④ 就労継続支援（A型＝雇用型）

一般企業などでの就労が困難な人に，働く場を提供するとともに，知識及び能力の向上のために必要な訓練を提供する。

⑤ 就労継続支援（B型＝非雇用型）

通常の事業所に雇用されることが困難な就労経験のある障害者に対し，福祉事業所において生産活動などの機会の提供，知識および能力の向上のために必要な訓練などを提供する。

6）相談支援に関するサービス

① 地域移行支援

障害者支援施設，精神科病院，児童福祉施設を利用する18歳以上の者などを対象として，地域移行支援計画の作成，相談による不安解消，外出の同行支援，住居確保，関係機関との調整などを提供する。

② 地域定着支援

居宅において単身で生活している障害者などを対象に常時の連絡体制を確保し，緊急時には必要な支援を提供する。

③ サービス利用支援

障害福祉サービスの利用申請時の「サービス等利用計画案」の作成，サービス支給決定後の連絡調整，「サービス等利用計画」の作成を提供する。

④ 継続サービス利用支援

作成された「サービス等利用計画」が適切かどうかモニタリング（効果の分析や評価）し，必要に応じて見直しを行う。

7）医療のサービス

① 自立支援医療

心身の障害を除去・軽減するための医療について，医療費の自己負担額を軽減する公費負担医療制度である。従来の更生医療，育成医療，精神通院医療が自立支援医療に一本化された。

8）地域生活を支援するサービス

① 地域生活支援事業

各地域で生活する障害者が自立した日常生活または社会生活を営むことができるよう，地域の特性や本人の状況に応じ，柔軟な形態による事業を各地域が計画し実施する。

9）補装具のサービス

日常生活上において必要な移動や動作などを確保するために，身体の欠損または損なわれた障害児・者に対して，身体機能を補完・代替する用具を購入または修理に要した費用（基準額）から所得に応じた自己負担額を差し引いた額を補装具費として支給する。

③ 日中活動と住まいの場の組み合わせによる生活支援

これまで障害者サービスの主体であった入所施設のサービスは，昼のサービ

ス(日中活動事業)と夜のサービス(居住支援事業)に分かれており、サービスの組み合わせを選択できるようになったことで、日々の生活を個別的に支援できることになった。

また、サービスを利用する際には、利用者一人ひとりの個別支援計画が作成され、利用目的にかなったサービスが提供されることも有益である。たとえば、常時介護が必要な人には、日中活動の生活介護と、住まいの場として施設入所支援を、原則として両法を組み合わせて利用することができる。地域生活に移行した場合でも、日中は生活介護を利用し続けることが可能であるとしている。しかし、次節のような課題も多く存在している。

第3節　障害者福祉の課題

1　福祉サービス利用の限界

「障害者総合支援法」では、実際の福祉サービス提供の責任主体は各市町村にあり、利用する障害者は居住する地域で提供されることが原則である。そのために、地方自治体の福祉予算規模の違いから、都市部と地方都市との福祉サービスの格差が生じている。本来、障害者に対する福祉サービスは、個々の障害者の年代に相応したサービス内容が不可欠であるが、予算などの要因で提供が不可能な地域があることで、住み慣れた場所での生活が困難となる弊害が生じている。

また、現状では福祉サービスを利用すると原則一割の負担を求められ、利用料が増加することになる。その結果、求めるサービスの利用が増えると利用料が加算されることになる。たとえば、就労継続支援(B型)を利用している場合、月々、受け取る賃金以上の施設利用料を支払うこともある。

また、原則として65歳になると介護保険利用が優先され、外出支援などの障害者特有のサービスが制限されることも課題となっている。

2 障害児・者に対する差別

　現在においても，多様な社会場面において障害児・者差別が存在することは大きな課題である。たとえば，障害を理由にした就学や就職等における差別は，今なお続いている。

　2013年に「障害を理由とする差別の解消の推進に関する法律」（通称「障害者差別解消法」，施行は一部の附則を除き平成28年4月1日）が施行された。この法律は，2006（平成18）年に国連において採択された「障害者の権利に関する条約」5)の締結に向けた国内法制度の整備の一環として，すべての国民が障害の有無によって分け隔てられることなく，相互に人格と個性を尊重し合いながら共生する社会の実現に向け，障害を理由とする差別の解消を推進することを目的としている。

　しかし，いくらこのような法制度によって差別解消を図っても，すべての人の心にある障害児・者に対する差別意識が解消されない限り，共生社会の実現は困難である。今後のわが国においては，社会におけるあらゆる場面において，障害児・者に対する差別解消が求められる。

〈注〉
1) 国際連合が指定した国際年のひとつである。1971（昭和46）年「精神薄弱者の権利宣言」，1975（昭和50）年「障害者の権利宣言」を採択したことに次ぎ，これらを単なる理念としてではなく社会において実現するという意図のもとに決議された。テーマは「完全参加と平等」であった。
2) 1874（明治7）年に制定された，明治政府の公的救済制度である。具体的には，極貧独身，労働不能の70歳以上の者，障害者，病人，13歳以下の児童を対象に米代を支給した。しかし，貧民救済は「人民相互の情宜」により行うこととするなど，慈恵的，制限扶助主義による救貧であった。
3) 1929（昭和4）年に制定され，1932（昭和7）年に施行された総合的な救貧法である。市町村長を救護の主体に，65歳以上の老衰者や13歳以下の幼者，妊産婦，身体障害者などのうち扶養義務者が扶養できない者を対象に，生活扶助や医療，助産，生業扶助が施されることとした。その後1946（昭和21）年に旧生活保護法，1950（昭和25）年に現生活保護法に変更された。

4）わが国の入院病棟がある病院の 12.5％が精神病院であり，人口 1,000 人に 2.7 床のベッド数がある。OECD（経済協力開発機構）のなかで，このように多い状況なのは日本だけである。
5）日本は，2014（平成 26）年に批准した。

〈参考文献〉

生瀬克己『共生社会の現実と障害者』明石書店，2000 年
斉藤道雄『治りませんように　べてるの家のいま』みすず書房，2010 年
山本譲司『累犯障害者　獄の中の不条理』新潮社，2006 年
若林菊雄編『こころのバリアフリー――体験者からの 14 のメッセージ』萌文社，2005 年

第 13 章

地域福祉

第1節　地域福祉とは

1　地域とは何か

　地域とは，「区切られたある範囲の土地」といった意味をもつ言葉であるが，地域福祉を語るときには，英訳語の「コミュニティ」(Community) と同様に，「一定の地域に居住し，共属感情を持つ人びとの集団」といった意味で用いられる。

　近年，いじめや引きこもり，自殺や孤独死など，人と人の絆・つながりの希薄化が指摘されている。また，人口構造・産業構造・雇用情勢の変化により，過疎化や都市化，貧困といった問題が社会的孤立に拍車をかけている。そうした環境変化のなかで偏見や差別などが助長され，特定の人びとを社会から締め出そうとする力がかかる場面もある。そして，自然災害では，住民のなかでも高齢者，子ども，障害をもつ人が犠牲になることが少なくない。住民が多様化し，そのニーズが複雑化する一方で，地域の再構築がもとめられている。地域福祉は，こうした社会問題に地域を基盤として取り組む社会福祉実践である。

2　地域福祉とは何か

　地域福祉は，「自立生活が困難な個人や家族が，地域において自立生活ができるよう必要なサービスを提供することであり，そのために必要な物質的・精

神的環境醸成を図るとともに、社会資源の活用、社会福祉制度の確立、福祉教育の展開を総合的に行う活動」[1]と表現される。多様で広がりのある概念である。

　日本の社会福祉制度は、第2次世界大戦後、子ども、障害者、高齢者など対象者ごとに発展してきた歴史をもつ。その一方で、地域福祉は、こうした対象者すべてを住民としてとらえ、それぞれが直面する生活課題を地域に共通する生活課題（地域課題）として総合的にとらえ、住民主体で解決・緩和に取り組むことを目指すものである。

　そのため、地域福祉をひとつの科目としてとらえるのではなく、他分野すべてとつながりのある総合的な科目としてとらえて学ぶことが必要である。

第2節　地域福祉の内容

1　地域福祉の歴史

　海外の地域福祉の源流は、イギリスの隣友運動および「慈善組織化運動」（COS運動）、イギリス・アメリカのソーシャル・セツルメント運動、ドイツの「エルバーフェルト制度」などがあげられる。特に、イギリスでは、1968年の「シーボーム報告」によるコミュニティケアの推進、1982年の「バークレイ報告」によるコミュニティ・ソーシャルワークの展開によって体系化された。

　現在、欧州連合（EU）において社会的排除（ソーシャル・エクスクルージョン）が貧困に代わる概念として登場し、社会的包摂（ソーシャル・インクルージョン）の実現が目指されている。こうした流れは、日本にも大きな影響を与えている。

　日本の地域福祉の源流としては、1874（明治7）年成立の「恤救規則」における隣保扶助、1891（明治24）年「岡山博愛会」および1897（明治30）年「神田キングスレー館」にはじまるセツルメント運動、1908（明治41）年「中央慈善協会」創設に始まる日本型COS、1917（大正6）年の岡山県「済世顧問制

度」および1918（大正7）年の大阪府「方面委員制度」，1929（昭和4）年に起こった世界恐慌による農村窮乏化に対応する「農村社会事業」などがあげられる。第2次世界大戦終結後は，1947（昭和22）年の「共同募金運動」を経て，1951（昭和26）年「中央社会福祉協議会」（現・全国社会福祉協議会）が発足し，地域福祉の推進主体としての「社会福祉協議会」が登場した。1950年代後半（昭和30年代）に入ると，高度経済成長に伴う公害などの弊害が明るみになり，住民運動，社会福祉運動が活発化した。

　1960年代後半（昭和40年代）に入ると，イギリスの影響もありコミュニティが政策に取り上げられるようになってくる。その一方で1970年代（昭和40年代後半）には石油危機（オイルショック）を契機とした低成長時代に入り，第2次臨時行政調査会（第2次臨調）の答申による「福祉見直し」の流れのなかで，家族や地域を基盤とした福祉社会を目指す「日本型福祉社会論」が登場した。それまで目指されていた中央集権型の福祉国家像が大幅に見直されるなかで，1990（平成2）年の「老人福祉法等の一部を改正する法律」（福祉関係八法の改正），1999（平成11）年の「地方分権一括法」により地方分権化が進んでいった。併せて，1989（平成元）年には，「高齢者保健福祉推進10ヵ年戦略」（ゴールドプラン）などの社会福祉計画，2000（平成12）年の「社会福祉の増進のための社会福祉事業法等の一部を改正する法律」（「社会福祉士法」への改称・改正）による社会福祉基礎構造改革によって，地域福祉の推進が政策目標に位置づけられた。同年の「介護保険法」施行，2003年（平成15）年「支援費制度」施行，2005（平成17）年の「障害者自立支援法」および2011（平成23）年の「障害者総合支援法」などにより，現在，地域福祉に基づく地域生活支援の体制づくりが求められている。

2　地域福祉にかかわる組織・団体
(1)　社会福祉協議会
　地域福祉の実践には，さまざまな組織・団体が関わる。そのつなぎ役として

位置づけられてきたのが社会福祉協議会である。

社会福祉協議会とは，「社会福祉法」に定められた地域福祉の推進を図ることを目的とする団体である。市区町村社会福祉協議会，都道府県社会福祉協議会，全国社会福祉協議会が規定されている。

まず，住民にとってもっとも身近なものが市区町村社会福祉協議会（市区町村社協）である。住民の在宅生活を支援するために，ホームヘルプサービスや配食サービスなどさまざまな福祉サービスを行うほか，地域の特性を踏まえた事業に取り組んでいる。サロン活動やボランティア活動の相談や活動先の紹介，福祉教育の支援など，地域の福祉活動の拠点としての役割を果たしている。

都道府県社会福祉協議会（都道府県社協）は，各県域での地域福祉の充実を目指した活動を行う。具体的には「日常生活自立支援事業」や福祉サービスに関する苦情相談機関である「運営適正化委員会」の設置・運営，福祉サービスの質の向上を図る「福祉サービスの第三者評価事業」，「生活福祉資金」貸付など幅広い。そのほか，福祉関係者に対する研修事業，福祉教育の推進，「福祉人材センター」における福祉の仕事に関する求人・求職情報の提供市区町村社協との連携によるボランティア活動の振興，災害時ボランティアセンターの設置・運営による被災地支援にも取り組む。

全国社会福祉協議会（全社協）は，社協の中央組織として，全国各地の社協とのネットワークにより，福祉サービス利用者や社会福祉関係者の連絡・調整や活動支援，各種制度の改善への取り組みなど，全国的な社会福祉の増進に努めている。

(2) NPO法人

NPO（NonProfit Organization）法人（特定非営利活動法人）は，1998（平成10）年に施行された「特定非営利活動促進法」に基づく法人である。この法律は，1995（平成7）年「阪神・淡路大震災」における災害支援の教訓を基に成立した。2014（平成26）年現在，保健，医療または福祉の増進を図る活動，ま

ちづくりの推進を図る活動，災害救援活動など 20 の活動を目的とする団体が法律上認められている。

（3） 社会福祉法人

社会福祉法人は，「社会福祉法」に規定された社会福祉事業を行うことを目的とした法人である。社会福祉事業には，お年寄りや障害をもつ人，子どもなどを対象とした各種福祉施設や保育所などが含まれる。社会福祉事業は公益性をもつ事業なので，法人税，固定資産税，寄付などについて税制上の優遇措置が講じられている。こうした点から，地域福祉の拠点として積極的な貢献が期待されている。

（4） 地域包括支援センター

地域包括支援センターは，2005 年の「介護保険法」の改正により，2006（平成 18）年度から設置された保健，医療の向上，福祉の増進を目的とする機関である。主な業務は，① 介護予防ケアマネジメント業務，② 総合相談支援業務，③ 権利擁護業務，④ 包括的・継続的ケアマネジメント支援業務であり，保健師・社会福祉士・主任介護支援専門員などが配置されている。

（5） 町内会・自治会

町内会・自治会は，住民によってつくられる連絡，環境整備，集会施設の維持管理など良好な地域社会のために共同活動を行う，「地方自治法」に基づく地縁による団体である。地域によって，その名称・活動内容にはさまざまなものがある。

③ 地域福祉の担い手

（1） 当事者・当事者組織（セルフヘルプグループ）

地域福祉における当事者とは福祉サービスなどの利用者のことであり，当事者で組織されたものを当事者組織（セルフヘルプグループ）と呼ぶ。子育てや介護，障害や難病，ドメスティック・バイオレンス（DV），依存症など，さまざまな悩みをもつ人同士が自発的に集い支え合うことで，ピアカウンセリング

の効果が期待できる。また，当事者が日々感じている生活課題には，住民に共通する生活課題も含まれている。

(2) ボランティア

ボランティア（volunteer）は，ラテン語「volo」（＝意志する）を語源とする，自ら進んで活動する人という意味をもつ言葉である。地域福祉活動の担い手として重要な存在であり，高齢・障害者などへの外出支援のボランティア，家事や清掃，地域イベントでの企画・運営ボランティアなど，内容はさまざまである。現在，活動範囲の拡大と，活動内容の多様化，報酬の有無や社会的責任の問題など，そのとらえ方に変化が生じている。

(3) 福祉活動専門員

福祉活動専門員（コミュニティーワーカー）は，市区町村社協に所属する地域福祉の専門職である。職務内容として，民間社会福祉の推進方策についての調査，企画，連絡・調整，広報，その他の実践活動を行う。住民にもっとも身近な社協の専門職として地域福祉の推進に係るさまざまな活動の主な担い手として取り組んでいる。

(4) ボランティア・コーディネーター

ボランティア・コーディネーターは，ボランティア活動の環境・体制の整備，活動の支援を行う専門職である。ボランティア活動を行いたい人，ボランティア個人やグループの活動に関するニーズを受け止め，その充足を図るために活動やプログラムの企画・開発を行い，ボランティアを求める人，ボランティア団体・組織などの間を仲介・調整する役割を担う。

(5) 民生委員・児童委員

民生委員は，「民生委員法」に基づき厚生労働大臣から委嘱された，住民の立場に立って相談，援助を行う者をいう。「児童福祉法」に基づく児童委員を兼務することになっている。給与を支給されないボランティアとしての立場ではあるが，地域福祉活動の推進役として重要な役割を果たしている。

(6) 身体障害者相談員・知的障害者相談員

　身体障害者相談員は,「身体障害者福祉法」に基づき市町村から委託された,身体障害のある者の相談援助を行う者をいう。また,知的障害者相談員は,「知的障害者福祉法」に基づき市町村から委託された,知的障害のある者の相談援助を行う者をいう。

　この2つの相談員の特徴は,当事者性を有している人（自らが障害をもつ,障害をもつ子どもを育てた経験をもつなど）が選任されるところにある。同じ立場から支えることにより,ピアカウンセリングの効果が期待できる。

(7) 精神障害者相談員

　精神保健福祉相談員は,「精神保健及び精神障害者福祉に関する法律」に基づき都道府県知事または市町村長が任命された,精神障害のある者の相談援助を行う者をいう。精神保健福祉士などの資格を有する者のうちから任命され,精神保健福祉センター及び保健所に配置できることになっている。

4　地域福祉計画と福祉教育

　地域福祉計画は,住民自らが,住民主体の活動や行政・関係機関との連携・協働によって,地域の生活課題を解決するための仕組みづくりを目指し策定するものである。2000年に成立した「社会福祉法」によって法制化されており,市町村地域福祉計画,都道府県地域福祉支援計画を策定する際には住民参加を保障している。

　地域福祉計画は,高齢者,障害者,児童など他の福祉関係計画との調和が保たれたものでなければならないとされている。これは,地域を単位として策定される総合的な計画だからである。

　地域福祉計画の策定には,住民の主体形成が非常に大切である。誰かがやる,行政が決めてくれるという受け身ではなく,主体的に計画づくりを行うためにも,普段からの地域づくりや福祉教育などによる住民の体験的な学び合いを支援することが大切である。福祉教育とは,社会福祉への理解と関心を深

め，住民の主体形成をうながす教育実践のことである。幅広い活動を行うボランティア学習と異なり，福祉教育には基本的人権を基盤とした社会福祉問題（福祉課題）を素材とするところに特徴がある。そのため，福祉教育は「福祉のまちづくり」の担い手を養成する意義をもっている。

第3節　地域福祉の課題

　近年，公的な福祉サービスは分野ごとに整備され，高齢者福祉や障害者福祉の分野では，質，量とも充実してきた。しかし，少子高齢化のさらなる進行，大規模災害への対応，多様化する福祉ニーズへの対応など，地域ぐるみで対応しなければならないことは山積みである。

　2025（平成37）年までには，「団塊の世代」（1947年から1949年までの3年間に出生した世代）が75歳以上の後期高齢者に到達する。そこで現在，地域包括ケアシステムの構築が課題となっている。地域包括ケアシステムは，可能な限り住み慣れた地域で，その人らしい暮らしを人生の最期まで続けることができるよう，地域住民を包み込むように支援・サービスを提供する仕組みのことをいう。この考え方は，地域福祉のネットワークと重なる部分が多い。

　また，1995年「阪神・淡路大震災」，2011年「東日本大震災」は，大規模災害における地域福祉の重要性を明らかにした。災害時には，災害要援護者（高齢者，障害者，乳幼児，妊婦，傷病者，日本語が不自由な人）が特に大きな危険にさらされる。そのため，普段からの準備として，福祉避難所の確保，避難経路・避難場所の周知と避難訓練，その人がもつ特性への配慮などを，事前に共有化しておくことが必要である。災害に強いまちづくり（防災まちづくり）は，地域福祉の課題でもある。

　そして，地域には公的制度では対応できない「制度の谷間」の問題や，ホームレスや刑余者など，社会的排除されやすい人びとの支援の問題，自らは支援を求めることができない「声なき貧困」の問題などが存在している。制度によ

る基盤整備を行いながら、地域福祉の実践により課題解決に取り組むことは、支援される側、支援する側の相互理解を促進し、双方の自己実現につながるものとなる。新しい地域ニーズに対応する地域福祉の在り方が求められている。

〈注〉
1）大橋謙策「新しい社会福祉の考え方としての地域福祉」日本地域福祉学会編『(新版) 地域福祉事典』中央法規，2006年，p.12

〈参考文献〉
市川一宏・大橋謙策・牧里毎治編『地域福祉の理論と方法（第2版）』ミネルヴァ書房，2014年
井村圭壯・相澤譲治編『地域福祉の原理と方法（第2版）』学文社，2013年
上野谷加代子・松端克文・山縣文治編『よくわかる地域福祉（第5版）』ミネルヴァ書房，2012年
日本地域福祉学会編『(新版) 地域福祉事典』中央法規，2006年

第14章

保健医療福祉

第1節　保健医療福祉とは

　わが国の総人口は,2010（平成22）年では1億2,806万人であったが,2060（平成72）年では8,674万人と推測され,その内65歳以上の老年人口の占める割合は2010年の23.0％から2060年には39.9％に達し,15歳未満の年少人口の占める割合は2010年の13.1％から2060年には9.1％まで低下すると予測されている。このような急速な少子高齢化の進展,慢性疾患の増加などによる疾病構造の変化,地域住民の保健サービスに対するニーズの高度化・多様化により保健医療福祉を取り巻く状況は著しく変化した。

　また,国民は「日本国憲法」第25条により,一人ひとりが「健康で文化的な最低限度の生活を営む権利＝生存権」が保障されている。そして,この「健康で文化的な生活」のためには,保健医療福祉の連携が必要不可欠である。立石宏昭は保健医療福祉の基本的関係性について次のように説明している（図14-1）。

　保健医療福祉の関係は,保健＝予防（病気にならないように予防すること),医療＝治療（傷病に患った心身を治療すること),福祉＝社会生活（社会のなかで生活できるように支援すること）を基本とし,保健と医療＝健康増進,医療と福祉＝リハビリテーション,福祉と保健＝生活習慣というつながりがあり,「健康」という概念がすべてに共有される。住民がより良いライフサイクルを送る

図14-1 保健・医療・福祉の関係

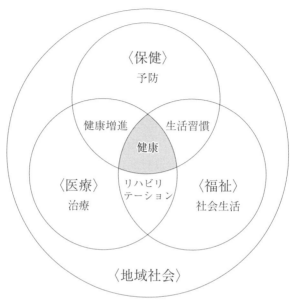

出所) 宮崎徳子・立石宏昭編著『保健・医療・福祉ネットワークのすすめ（第3版）』ミネルヴァ書房, 2010年, p.3

ためには，おのおのの目標が相互に関わり合いながら，最終的には住民のQOLの向上が目指される。

第2節　保健医療福祉の制度

1 保健医療福祉の統合化までの経過

　第1節でも説明したように，保健医療福祉の連携が必要であるにもかかわらず，それまで制度として意識されることはほとんどなく，1980年代になってようやくこれら3つの社会サービスの連携・統合化が強調されるようになった。もともと保健と医療は統合化が比較的進んでいたが，福祉と保健医療との間は深い溝があった。特に保健医療福祉は，それぞれ担当の行政機関が異な

り，縦割り行政であった。しかし，保健医療福祉を取り巻く状況の変化により，これまでの分立体制では対応できない状況から，保健医療福祉の連携強化の声が上がり，政策提言が相次いでなされた。

　誰もが住み慣れた地域のなかで，健やかに，いきいきと自立して暮らすことができる社会を実現するためにさまざまな制度が策定されたが，保健医療福祉の連携が初めて具体化されたのは1982（昭和57）年に制定された「老人保健法」であった。これは，1973（昭和48）年から実施された「老人福祉法」に基づく70歳以上の高齢者の医療費無料制度を廃止して一部負担を導入し，高齢者に対する予防・治療・リハビリテーションの包括的医療サービスの実施，入院医療中心から疾病予防中心への転換，40歳以上の地域住民に対する健康診査の実施を目的とするものであった。

　また，1986（昭和61）年「老人保健法」改正による「老人保健施設」の創設は，保健医療サービスと福祉サービスを混合したものであった。行政組織においても，1989（平成元）年高齢者の福祉サービスと保健医療サービスのドッキングを目指し，厚生省社会局老人福祉課と保健医療局老人保健部が統合され，老人保健福祉部（現・厚生労働省老健局）が設置された。これらの法制度の基本理念は「自立・自己決定」であり，福祉の分野では，1990（平成2）年の「社会福祉基礎構造改革」により，サービス提供の理念として，「利用者の意向を十分に尊重」（社会福祉法第5条）することが明示された。

　また，保健予防に関する制度として1994（平成6）年，保健所の機能強化と市町村の地域住民への保健サービスの充実を目指して「保健所法」が「地域保健法」に改正され，2000（平成12）年には，生活習慣の改善に関する目標を定めた「健康日本21」が開始され，2002（平成14）年には，国民の健康の増進を図るための措置を講じて国民保健の向上を図ることを目的に「健康増進法」が制定された。2000年に改正された「社会福祉法」においても，福祉サービスの提供にあたって，保健医療サービスその他の関連するサービスの有機的な連携を図る（第5条）ことが求められた。

このように，急速な少子高齢社会を乗り切るための保健医療福祉の連携が強化されていった。

2 最近の保健医療福祉の制度

2012（平成24）年6月には，「健康日本21（第2次）」が策定され5分野53項目の目標が提示された（平成25～34年度）。2012年7月に改正された「地域保健法」の基本指針には保健医療福祉の連携を図るための施策が定められている。また，「健康日本21」の流れをうけて，母子保健対策においても，2000年「健やか親子21」を策定し，2009（平成21）年に第2回中間評価が行われ，2014（平成26）年までの4つの重点課題が提示されている。ここでは最近の制度改革として，「医療制度改革」，「介護保険制度」，「子ども・子育て支援新制度」の3点について取り上げる。

(1) 医療制度改革

2006（平成18）年の医療制度改革により医療費適正化を総合的に推進するため，2008（平成20）年4月から生活習慣病対策や長期入院の是正など中長期的な医療費適正化計画を策定することになった。その内容は次の4点である。

1）健康診査・保健指導の実施……予防給付

医療保険者に，40～74歳の被保険者・被扶養者に対する生活習慣病の予防に着目した特定健康診査・特定保健指導の実施が義務づけられた。その内容は血圧・血糖・脂質などに関する健康診査の結果から生活習慣の改善が特に必要な者を抽出し，医師，保健師，管理栄養士などが生活習慣の改善のための指導を実施することにより，生活習慣病を予防することを目的とし，腹囲測定が追加された。また，特定保健指導では，血圧，血糖，脂質などの脳・心臓疾患のリスク要因の重複の程度などに応じて，「動機づけ支援」と「積極的支援」が行われ，財源は医療保険の保険料で賄われている。

2）高齢者の患者負担の見直し

2006年10月から現役並みの所得を有する高齢者の負担を2割から3割に増

額し，2008年4月から70〜74歳の高齢者の負担を1割から2割と増額した。

3）老人保健施設への対応

2008年5月に，入所者の医療ニーズに対応できるよう，看護職員による夜間の日常的な医療処置，看取りへの対応，急性増悪時の対応といった必要な機能を付加した「介護療養型老人保健施設」が創設された。

4）後期高齢者医療制度

2008年4月から後期高齢者（75歳以上）を対象とした「後期高齢者医療制度」と前期高齢者（65〜74歳）の「給付費に係る財政調整制度」が創設された。これは「老人保健法」が改正された「高齢者の医療の確保に関する法律」に基づいて提供されている。医療給付の財源負担は，後期高齢者の保険料が1割，現役世代からの支援金が約4割，公費負担が約5割である。

（2） 介護保険制度

1997（平成9）年に制定され，2000年4月から施行された介護保険制度は，「介護を国民全体で支え合う」という考え方のもとに保健医療福祉にわたって総合的に介護サービスを提供する仕組みとして創設された。これは，市町村を保険者として40歳以上の者を被保険者とする社会保険方式を採用している。2005（平成17）年「予防重視型システムへの転換」を意図して大きく改正された。改正内容は要介護状態の軽減，悪化防止に効果的な新たな予防給付の創設であった。要支援・要介護に該当しないがその恐れのある者を対象とした効果的な介護予防事業を新たに位置づけた。具体的内容については次の通りである。

1）保険者

市町村であり，高齢者福祉・高齢者保健事業や地域の自発的な活動と結びつけ，より大きな効果を発揮することをねらいとしている。

2）被保険者・受給権者

被保険者は40歳以上の者とし，65歳以上の第1号被保険者と40歳以上65歳未満の第2号被保険者に分けられる。第1号被保険者は，原因を問わず，要

支援・要介護と認定されれば保険給付を受けることができる。第2号被保険者は，「加齢に伴う特定疾病（16疾病）」による要支援・要介護と認定された場合のみ給付される。

3）保険料

介護保険の財源は5割が保険料，5割が公費負担である。第1号被保険者の保険料は，所得に応じた段階（5段階）保険料である。第2号被保険者の保険料は，医療保険料とセットで徴収される。

4）要介護認定

市町村による要介護認定のプロセスは次のように進む。まず，本人・家族または指定居宅介護支援事業者が保険者である市町村に要介護認定を申請する。市町村職員またはその委託を受けた指定居宅介護支援事業者の介護支援専門員（ケアマネジャー）が申請者を訪問し，心身の状況について調査を行い，この調査結果をもとにコンピュータが判定を行う（一次判定）。この結果と，訪問調査時の特記事項欄の記述，および主治医の意見書などに基づき，介護認定審査会が最終判定（二次判定）を行う。認定方法については，適宜見直しが行われているが，2009年10月から認定調査員テキストや介護認定審査会テキストの内容が改定され，その改定版に基づき行われている。

5）保険給付

要支援1・要支援2（2005年に改正）と判定された者に対しては，介護予防を重視した「予防給付」が実施され，要介護1～5に認定されると「介護給付」を受けることになる。介護予防のメニュー作成は，保健師，社会福祉士，主任ケアマネジャーで編成される市町村設置の「地域包括支援センター」が担当する。

6）利用料

在宅サービスを利用した時，支給限度額を超えない範囲までは，利用者は1割を利用料としてサービス事業者に支払い，残り9割を保険給付としてうける。施設に入所している場合は要介護度別に介護報酬が包括的に定められてお

り，利用料1割を施設事業者に支払い，残り9割を保険給付としてうける。また，2005年10月から光熱費，水道料を含む居住費と食費が入所者の負担となった。

7）介護保険制度の見直し

何年かごとに見直されているが，2011（平成23）年6月に「介護サービスの基盤強化のための介護保険等の一部を改正する法律案」が成立した。その内容は，高齢者が地域で自立した生活を営めるよう，医療・介護・予防・住まい・生活支援サービスが切れ目なく提供される「地域包括ケアシステム」の実現に向けた取り組みを進めることをねらいとしている。新たな取り組みとして，24時間対応の定期巡回・随時対応型サービスや複合型サービスの創設，介護福祉士や一定の教育をうけた介護職員などによる痰の吸引等を可能とすること，財政安定化基金を取り崩して介護保険料の軽減等に活用するなどがある。

（3）子ども・子育て支援新制度

2012年8月に成立した「子ども・子育て支援法」「認定こども園法の一部改正」「子ども・子育て支援法及び認定こども園法の一部改正法の施行に伴う関係法律の整備等に関する法律」の子ども・子育て関連三法に基づく制度であり，1兆円超の財源により2015（平成27）年4月から施行される予定である。その内容は認定こども園・幼稚園・保育所を通じた共通の給付（施設型給付）および小規模保育等への給付（地域型保育給付）の創設，認定こども園制度の改善（幼保連携型認定こども園の改善など），地域の実情に応じた子ども・子育て支援（利用者支援），地域子育て支援拠点・放課後児童クラブなどの「地域子ども・子育て支援事業」の充実であり，基礎自治体（市町村）が実施主体，社会全体による費用負担，政府の推進体制，子ども・子育て会議の設置などが盛り込まれている。

第3節　保健医療福祉の課題

　植田章は，保健医療福祉の連携について，地域ケアの援助の継続性，連続性，緊急性を確保していくうえにおいて必要な社会資源の「量」「質」の充実，そのための当事者組織・関係者を含めた運動を地域に組織化していく力量，優れたソーシャルワークの存在が必要であるとしている。また，新たな施設づくりや人づくりといった地域の保健医療福祉の総合計画や街づくり計画などの策定段階から住民参加・当事者参加を保障するシステムを確立していくことが必要であるとしている。そして関連機関の専門職種やインフォーマルな組織や当事者が共同で生活の場に根差した連携をし，ネットワークの実績を行政側が評価することにより，行政システムに反映させていく取り組みが重要であるとしている[3]。

　わが国の保健医療福祉のネットワークは十分とはいえない状況である。プライマリ・ヘルスケアを重視した計画化・実践・評価が効率的に行われることが課題である。そのためには住民参画によるケアプランの作成および各関連機関の専門職やインフォーマルな組織による連携会議を通して評価し，協働して質の高いケアにつなげていくこと，また，多職種の専門職者がお互いにその独自性と固有性を理解し，信頼関係を築くことにより，全国の地域格差が是正されることが重要である。

〈注〉
1）厚生労働統計協会『国民衛生の動向 2013／2014』2013 年, p. 46
2）宮崎徳子・立石宏昭編『保健・医療・福祉ネットワークのすすめ（第3版）―ヒューマンサービスの実践』ミネルヴァ書房, 2010 年, pp. 2-3
3）植田章「保健・医療・福祉の連携―総合的な地域ケアの実現に向けて」『佛教大学社会学部論集』29 号, 1994 年, pp. 28-29

〈参考文献〉

藤内修二ほか『標準保健師講座別巻1　保健医療福祉行政論』医学書院，2008年

野村陽子編『最新保健学講座7　保健医療福祉行政論』メヂカルフレンド社，2010年

星旦二・麻原きよみ編『これからの保健医療福祉行政論―地域づくりを推進する保健師活動』日本看護協会出版会，2008年

増田雅暢・島田美喜編『ナーシング・グラフィカ健康支援と社会保障③　社会福祉と社会保障』メディカ出版，2013年

眞舩拓子ほか編『わかりやすい社会福祉・社会保障』ヌーヴェルヒロカワ，2007年

第 15 章

社会福祉の今後の課題

第1節　現代社会福祉を理解する難しさ

　社会福祉の課題を考える際に2つのとらえ方ができる。ひとつは制度や専門家が今後何を対象として解決していくかという「対象の課題」であり，もうひとつはそれらを包括して今後社会福祉はどうあるべきかという「そのものの課題」である。

　前者の課題についてみてみると，グローバリゼーションが進展するなかで，社会福祉が対象とする課題はより複雑化・多様化している。2008（平成20）年の世界金融危機（リーマンショック）によって，生活困難に陥った人びとへの支援もその一例としてとらえることができよう。

　具体的には，2002年から回復傾向にあったわが国の経済が，アメリカの証券会社であるリーマン・ブラザーズの経営破綻をきっかけとした世界金融危機の影響をうけて世界的な景気後退とともに急速に悪化していった際に生じた問題を意味している。景気の悪化は，企業が経営悪化を理由に派遣契約を一方的に打ち切るいわゆる「派遣切り」につながり，そこで職を失った方たちの住む場所を確保し，就職活動をしながら無事に年を越すことができるようにとNPOや法律家，労働組合のメンバーなどによって年越し派遣村が設置された。[1]

　つまり，国内の事象に限らず，社会福祉とは一見直接の関わりがないと思われる他国の出来事からも社会福祉に関わる問題は生じているのである。

このように社会福祉が対象とする分野は、第2次世界大戦後から順次制定された福祉六法などの福祉関係法で定められたものに加えて、上述したような新たなニーズに対応するため、国際福祉や医療福祉、教育福祉、災害福祉などへと広まりをみせている。

それに伴って高齢者の介護相談を担う地域包括支援センターでは保健師が必置とされ、病院では入院患者の治療に対する不安や退院後の生活について相談にのるための医療ソーシャルワーカーの配置が進められている。教育現場ではスクールソーシャルワーカーが教員と連携をしながら家庭の福祉問題を改善するなど、保健、医療、教育など他分野・他職種との連携も求められている。

これまで社会福祉とは区別されていた分野が「対象の課題」となる傾向は今後も続いていくと考えられる。それと同時に、新たな分野と連携を進めていくという「そのものの課題」への取り組みも欠かせないといえよう。

第2節　社会福祉の課題のとらえ方

社会福祉を広義に理解していくと、共通の目的はすべての人が「より良い生活」を営むことであり、その基本的な条件を示してくれるのが理念である。つまり、その理念が必要とされる背景には、ある状況に巻き込まれている人の生活に「より良い生活」を目指しにくくする、「対象の課題」が生じていると理解することができるのである。ここでは、複数の分野をまたいで現れる課題について、社会福祉が対象とするかどうかを判別する一手法として、理念を用いて考えてみる。

たとえば、「障害者はどうして地域社会に住めないのか」という課題をうけて、入居型福祉施設の在り方の転換に貢献したのがノーマリゼーション（ノーマライゼーション：normalization）である。バンク－ミケルセン（Bank-Mikkelsen, N. E.）は、「ノーマリゼーションは精神遅滞者をその障害とともに受容することであり、彼らに普通の生活条件を提供すること」[2]だとし、「精神

遅滞者をノーマルでないと排除する社会は異常な社会であり，人間的意味では彼らと共存する社会はノーマルな社会である[3]」と定義している。

わが国では 1992（平成 4）年に厚生省（当時）から出された「国民の社会福祉に関する活動への参加の促進を図るための措置に関する指針」において，「ノーマライゼーションの理念の浸透」のほか「地域社会の様々な構成員が互いに助け合い交流を進めるという意味での福祉マインドに基づくコミュニティーづくり」を目指すことを基本的な考えとして示している。現在は対象を障害者に限らず，「すべての人が共に暮らせる社会」の具現化を目指すという意味で分野を超えて用いられている。

同様に注目すべき理念として，フランスやイギリスなど EU 諸国における社会政策でも取り入れられているソーシャル・インクルージョン（社会的包摂：social inclusion）があげられる。

わが国では 2002（平成 14）年の社会保障審議会福祉部会の報告である「市町村地域福祉計画及び都道府県地域福祉支援計画策定指針の在り方について（一人ひとりの地域住民への訴え）」において，「共に生きる社会づくり（ソーシャル・インクルージョン）」を地域福祉推進の柱として位置づけている。

これらの理念に共通するのが，すべての人が「地域社会」で安心して生活できる社会づくりを目標にしていることである。その地域社会を構成する人の「つながり」を重視した理念として，ソーシャル・キャピタル（social capital）があげられる。

2005（平成 17）年に内閣府経済社会総合研究所が発表した「コミュニティ機能再生とソーシャル・キャピタルに関する研究調査報告書」では，パットナム（Putnam, R. D.）の定義を参考にして，この理念を「人々の協調行動を活発にすることによって，社会の効率性を高めることのできる，『信頼』『規範』『ネットワーク』といった社会組織の特徴」として位置づけている。

また同報告書では，市民活動の活性化を通じてソーシャル・キャピタルが培養される可能性が高まり，ソーシャル・キャピタルが豊かであれば，市民活動

への参加が促進されるという相関関係についても指摘している。

わが国において、現在、社会福祉関連法の基盤としての役割を担っている「社会福祉法」の第1条では、目的として「地域福祉の推進」を明記し、それを担う者として第4条に地域住民、社会福祉を目的とする事業を経営する者及び社会福祉に関する活動を行う者（ボランティア）を位置づけている。

同法から理解できるのは、これまでみてきた理念との共通点が多いということである。それは、すべての人は地域社会でともに生活できるべきであるということと、それを具現化するために、自治体はもちろん、民間営利・非営利の事業者に加えて福祉問題を抱える当事者やその家族、地域住民を含む地域社会の構成員全員が協働することの2点に集約することができる。

第3節　わが国における社会福祉の今後の課題

地域社会そのものが問題解決をする力をもつことは、社会的弱者と呼ばれる方に限らず、すべての住民が安心して生活ができる地域社会につながっていく。言い換えると、地域社会そのものが地域の特色を生かしたセーフティネットの役割を担うのである。

このような地域福祉を中心とした社会づくりをわが国はどのように具現化していくのだろうか。今後、後期高齢者人口がさらに増加するのに伴って、国民の医療や介護の需要もさらに増加することが見込まれている。そこで厚生労働省は、団塊の世代が後期高齢者になる2025（平成37）年を目途に、高齢者が可能な限り住み慣れた地域で、自分らしい暮らしを人生の最期まで続けることができるよう、地域の包括的な支援・サービス提供体制（地域包括ケアシステム）の構築を推進している。

これは、住まい・医療・介護・予防・生活支援が一体的に提供される高齢者を対象としたシステムであるが、これまでみてきた理念を具現化した取り組みだといえよう。

しかし，過疎地では利益が見込めないことから事業者の参入が消極的になった場合や，サービスは必要であっても利用料の支払いが困難な人にはどう対応するのか，財源の基盤が弱い自治体はどう対処するのかなど，完全なシステムを構築しようとすると，理念を具現化する難しさという課題にぶつかることになる。実際に「介護保険法」の改正や「障害者総合支援法（障害者の日常生活及び社会生活を総合的に支援するための法律）」が制定された背景には，財源の課題に対する対処という側面も持ち合わせており，サービス利用の制限とも受け取れる内容も含まれている。

　解決することが困難な課題は，本書の各章で取り上げられた各福祉分野でも存在しているが，それを「しかたがない」で済ませてしまうと，理念との乖離を広げてしまう。

　わが国における社会福祉の今後の課題は，まず冒頭で触れた2つの課題に対する施策・実践を理念というフィルターを通してとらえた場合に，理念の具現化に向かって取り組まれているのか客観的に判断し，改善していくことである。さらにそこから「しかたがない」に分類された制度やシステムでは対処しきれない限界を，現状で用いることのできる保健・医療等他分野を含めたあらゆる社会資源を活用することで，少しでもこれまでみてきた理念に近づけることを目指して取り組み続けていくことだといえよう。

〈注〉
1）伊藤良高ほか編『子ども若者政策のフロンティア』晃洋書房，2012年，pp.71-78
2）バンク-ミケルセン，N.E.著，中園康夫訳「精神遅滞者のための居住施設サービスの形態の変化」『四国学院大学論集』第44号，1979年，p.170
3）N. E. Bank-Mikkelsen "A Metropolitan Area In Denmark: Copenhagen" *Changing Patterns in Residential Services for the Mentally Retarded*, President's Committee on Mental Retardation, Washington, D.C., 1969, p.234
『戦後社会福祉の総括と21世紀への展望Ⅱ』第3部第1章（一番ヶ瀬泰子・高嶋進編，ドメス出版，2002年，pp.221-242）での中園康夫の訳を引用している。

〈参考文献〉
厚生労働省編『厚生労働白書（平成24年版）』2012年
厚生労働省編『厚生労働白書（平成25年版）』2013年
園田恭一ほか編『ソーシャル・インクルージョンの社会福祉』ミネルヴァ書房，2008年
日本ソーシャルインクルージョン推進会議編『ソーシャルインクルージョン──格差社会の処方箋』中央法規，2007年

索 引

あ 行

ICIDH ····················· 123, 124
ICF ······················· 123, 124
アセスメント ························75
生きる権利 ······················· 107
市川一宏 ····························81
一時保護所 ··························45
意図的な感情表出の原則 ··········74
医療ソーシャルワーカー ··········69
医療扶助 ····························98
医療法 ······························54
医療法人 ······················· 49, 54
医療保護施設 ····················· 101
インターベンション ···············76
インテーク ··························75
インフォームドコンセント ·······82
ウェルビーイング ················ 105
ウェルフェア ····················· 105
運営適正化委員会 ··········· 89, 138
営利法人 ····························55
エコマップ ··························76
エコロジカル・アプローチ ·······73
NPO ······························ 9, 55
NPO 法人 ························· 138
エバリュエーション ···············76
エリザベス救貧法 ··················24
援助計画 ····························76
延長保育 ····························20
エンパワメント ······················5
エンパワメント・アプローチ ····73
オイルショック ·····················27
岡山博愛会 ······················· 136

か 行

オンブズマン制度 ···················91

介護給付 ·························· 126
介護支援専門員 ·····················64
介護福祉士 ···················· 62, 66
介護扶助 ····························99
介護保険制度 ··············· 119, 149
介護保険の保険料 ················ 119
介護保険法 ······ 39, 118, 119, 137, 139
介入 ································76
カウンセラー ·······················71
カウンセリング ·····················71
家庭児童相談室 ·····················45
家庭的保育（保育ママ）事業 ····19
神田キングスレー館 ············ 136
基準及び程度の原則 ···············95
救護施設 ·························· 100
救護法 ······················ 30, 93, 123
休日保育 ····························20
救貧的機能 ··························94
教育扶助 ····························98
協働 ································10
共同募金会 ···················· 48, 53
共同生活援助 ····················· 129
居宅介護 ·························· 126
苦情解決 ····························86
苦情解決制度 ·······················87
グループワーク ················ 12, 77
軍事扶助法 ··························30
訓練等給付 ······················· 126
ケアマネジメント ··················79
ケアマネジャー ·····················64

継続サービス利用支援……………130
ケースワーク………………………12, 75
健康診査…………………………109, 148
健康増進法……………………………147
健康で文化的な最低限度の生活
　　…………………………………95, 103
健康日本 21 …………………………147
権利擁護…………………………81, 86
権利擁護支援……………………………90
公営住宅…………………………………94
公営住宅制度…………………………102
後期高齢者医療制度………118, 149
後見……………………………………90
公衆衛生………………………………7
更生施設………………………………100
厚生労働省……………………………40
公的責任………………………………33
公的扶助………………………2, 6, 94
　　──の概念………………………94
公的扶助制度…………………………4
行動援護………………………………128
高齢化社会……………………………116
高齢社会………………………………116
高齢者虐待の防止，高齢者の養護者
　に対する支援等に関する法律…120
高齢者虐待防止法……………………120
高齢者人口……………………………116
高齢者福祉……………………………115
声なき貧困……………………………142
国家責任による最低生活保障の原理…94
子ども・子育て会議…………………151
子ども・子育て支援新制度…………151
子ども・子育て支援法………………151
子どもの権利条約……………………107
子どもの権利保障……………………106
子どもの最善の利益…………………106
こどもの日……………………………106

子ども・若者育成支援推進法……114
子ども・若者ビジョン…………3, 114
個別援助………………………………12
個別援助技術…………………………75
個別化の原則…………………………74
コミュニティ…………………………135
コミュニティ・オーガニゼーション…10, 12
コミュニティーワーカー……………140
コミュニティワーク………10, 12, 78
雇用均等・児童家庭局………………41
コンサルテーション…………………80

さ　行

財産管理………………………………89
済世顧問制度…………………………58
在宅保育サービス助成事業…………19
里親制度………………………………112
サービス利用支援……………………130
参加する権利…………………………107
GHQ……………………………………118
ジェネラリスト・アプローチ………73
ジェネラリスト・ソーシャルワーク…74
ジェノグラム…………………………76
ジェノバ宣言…………………………107
支援費制度……………………………125
COS………………………………26, 136
市区町村社会福祉協議会……52, 138
自己決定の原則………………………74
事後評価………………………………76
施設入所支援…………………………128
慈善組織化運動………………………136
慈善組織協会……………………25, 26
事前評価………………………………75
自治会……………………………57, 139
市町村保健センター…………………46
児童委員……………………57, 64, 140
児童家庭支援センター………………112

児童家庭福祉	105
児童館	113
児童虐待	110
——の防止等に関する法律	110
児童憲章	106
児童権利宣言	107
児童自立支援施設	112
児童相談所	45, 86, 111
児童手当	102
児童手当法	109
児童の権利に関する条約	28
児童の権利に関するジュネーブ宣言	107
児童買春,児童ポルノに係る行為等の処罰及び児童の保護等に関する法律	109
児童発達支援センター	113
児童福祉司	64
児童福祉の理念	108
児童福祉法	31, 36, 45, 64, 66, 108, 111
児童扶養手当	101
児童扶養手当法	108
児童遊園	113
児童養護施設	112
シーボーム報告	136
社会・援護局	41
社会活動法	79
社会サービス	8
社会手当	94
社会的排除	142
社会的包摂	5
社会福祉	4, 6, 155
——の概念	4
社会福祉運営管理	79
社会福祉基礎構造改革	137, 147
社会福祉協議会	9, 48, 52, 137
社会福祉計画法	79
社会福祉士	62, 65
社会福祉士及び介護福祉士法	61, 65, 66, 71
社会福祉事業団	47
社会福祉事業法	32
社会福祉従事者	61
社会福祉主事	64
社会福祉主事任用資格	61
社会福祉政策	1
社会福祉専門職の価値と倫理	67
社会福祉調査法	79
社会福祉法	32, 35, 81, 82, 85, 87, 88, 91, 139, 141, 147
社会福祉法人	53, 139
社会保険	6
社会保障 (social security)	5
——の概念	5
社会保障審議会	42
若年者人材育成	3
ジャーメイン, C. B.	73
終結	76
住宅扶助	98
集団援助	12
集団援助技術	77
重度障害者等包括支援	128
重度訪問介護	128
就労移行支援	129
就労継続支援（A型＝雇用型）	129
就労継続支援（B型＝非雇用型）	129
就労自立給付金	99
受給権者	149
宿所提供施設	101
宿泊型自立訓練	129
授産施設	101
恤救規則	30, 93, 123, 136
出産扶助	99

主任児童委員……………………64, 65
ジュネーブ宣言…………………………28
受容の原則………………………………74
受理面接または初回面接………………75
障害児入所施設………………………113
障害児保育………………………………18
障害者基本法……………………………38
障害者差別解消法……………………132
障害者自立支援法……………………125
障害者総合支援法………37, 47, 126, 131, 137
障害者の権利に関する条約…………132
障害者の日常生活及び社会生活を総合的に支援するための法律………38
障害者福祉……………………………123
障害児福祉手当………………………109
障害福祉サービス……………………126
障害保健福祉部…………………………41
少子化……………………………………13
情報提供…………………………………81
職種間協働………………………………10
自立訓練………………………………129
自立支援医療……………………46, 130
資力調査…………………………………95
審議会……………………………………42
新救貧法…………………………………25
人口動態統計…………………………116
身上監護…………………………………89
申請保護の原則…………………………95
身体障害者更生相談所…………………45
身体障害者相談員……………………141
身体障害者福祉法……32, 36, 125, 141
信頼関係…………………………………74
健やか親子21…………………………148
ストレングス……………………………5
――の視点………………………………73
スーパービジョン………………………79

生活介護………………………………128
生活協同組合……………………………56
生活困窮…………………………………93
生活困窮者自立支援法………………102
生活の質を高める福祉………………105
生活福祉資金…………………………138
生活福祉資金貸付………………………94
生活福祉資金貸付制度………………102
生活扶助…………………………………98
生業扶助…………………………………99
生活保護…………………………2, 4, 93
――の原則………………………………95
――の原理………………………………94
――の種類………………………………96
生活保護法…………………… 31, 36, 93
生活問題……………………………………1
精神科ソーシャルワーカー……………69
精神障害者相談員……………………141
精神保健及び精神障害者福祉に関する法律……………………………………38
精神保健福祉士……………………62, 66
精神保健福祉士法………………………66
精神保健福祉センター…………………47
精神保健福祉法…………………………47
生存権……………………………… 93, 145
生態学的視座……………………………73
制度の谷間……………………………142
成年後見制度………………………89, 90
成年後見制度利用支援事業………86, 90
世界人権宣言……………………………28
世帯単位の原則…………………………96
セーフティネット（安全網）…94, 104
セルフヘルプグループ………………139
全国健康保険協会………………………43
全国社会福祉協議会……………… 52, 138
全米ソーシャルワーカー協会…………72
ソーシャル・アクション………………79

ソーシャル・インクルージョン… 5, 157
ソーシャル・ウェルフェア・アドミ
　ニストレーション…………………79
ソーシャル・ウェルフェア・プラン
　ニング………………………………79
ソーシャル・キャピタル………… 157
ソーシャルワーカー…………………71
　――の倫理綱領……………………67
ソーシャルワーク………… 4, 12, 71
　――の定義…………………………72
ソーシャルワーク・リサーチ………79
葬祭扶助………………………………99
相対的水準論…………………………98
相談援助………………………… 71, 72
育つ権利…………………………… 107
措置制度………………………… 32, 125
ソロモン, B.…………………………73

た 行

第1号被保険者………………… 119, 149
第三者委員運営適正化委員会………87
第三者評価………………… 81, 85, 91
第三者評価事業…………………… 138
第2号被保険者………………… 119, 149
代理権…………………………………90
他法他施策優先の原則………………95
ターミネーション……………………76
短期入所………………………… 128
地域移行支援…………………… 129
地域援助………………………………12
地域援助技術…………………………78
地域子ども・子育て支援事業…… 151
地域生活支援事業………… 126, 130
地域定着支援………………………130
地域福祉………………… 32, 135, 158
地域福祉計画…………………… 141
地域福祉権利擁護事業………………88

地域包括ケアシステム……… 151, 158
地域包括支援センター……… 65, 139
地域保健法………… 39, 46, 147, 148
知的障害者更生相談所………………46
知的障害者相談員………………… 141
知的障害者福祉法…… 37, 125, 141
地方公共団体…………………………43
地方自治法………………………… 139
中央慈善協会…………………………30
中間評価………………………………76
町内会…………………………… 57, 139
低所得者対策…………………………94
定着支援奨励金……………………… 3
DV………………………………… 24, 113
DV センター…………………………86
同意権…………………………………90
東京市養育院…………………………29
同行援護…………………………… 128
当事者組織……………………………58
当事者・当事者組織…………… 139
統制された情緒的関与の原則………74
特定非営利活動促進法……… 55, 138
特定非営利活動法人（NPO法人）…55
特定保育事業…………………………20
特別児童扶養手当………… 101, 109
特別児童扶養手当等の支給に関する
　法律……………………………… 109
特別障害者手当…………………… 109
都道府県社会福祉協議会…… 52, 138
ドメスティック・バイオレンス
　………………………………… 113, 139
取消権…………………………………90

な 行

ナショナル・ミニマム………………96
日常生活自立支援事業………… 86, 88
日本介護支援専門員協会……………68

日本介護福祉士会…………………68
日本型福祉社会論……………… 4, 137
日本国憲法………… 36, 93-95, 145
　——第25条 ………………………93
日本年金機構……………… 40, 43
乳児院 ………………………… 112
乳児家庭全戸訪問事業………… 109
乳児保育…………………………18
任意後見制度……………………89
認可外保育施設…………………19
認定こども園……………………19
ネットワーク……………………80
年金局 ……………………………42
農業協同組合……………………56
ノーマライゼーション……… 29, 156

　　　　　は　行

配偶者からの暴力の防止及び被害者
　の保護等に関する法律………… 110
配偶者暴力支援法………………47
配偶者暴力相談支援センター
　……………………… 47, 86, 110
売春防止法………………………47
バイステックの7原則……………74
派遣切り………………………… 155
パットナム, R. D. ……………… 157
バンクーミケルセン, N. E. ……… 156
ピアカウンセリング……… 139, 141
非審判的態度の原則……………74
必要即応の原則…………………96
人と環境の交互作用……………73
被保険者………………………… 149
秘密保持の原則…………………74
病児・病後児保育………………18
貧困………………………………93
　——から救う機能……………94
　——を防ぐ機能………………94

ファミリーサポートセンター………19
福祉医療機構……………………42
福祉活動専門員………………… 140
福祉教育……………………141, 142
福祉サービスの質………………85
福祉サービス利用援助…………86
福祉事務所………………… 44, 100
福祉六法…………………………36
婦人相談所………………………47
プランニング……………………76
平均寿命……………………… 1, 116
ベヴァリッジ, W. H. ……………26
ベヴァレッジ報告……………26, 27
へき地保育所……………………19
保育士……………………… 62, 66
保育所…………………………… 111
保育所等訪問支援……………… 113
保育所保育指針……… 67, 111-112
保育に欠ける……………………15
保育問題…………………………15
放課後児童クラブ……………… 151
放課後児童健全育成事業……… 113
放課後等デイサービス………… 113
法定後見制度……………………89
防貧的機能………………………94
方面委員…………………………30
方面委員制度……………………58
方面委員令………………………30
訪問介護員………………………64
保健医療福祉…………………… 145
保険給付………………………… 150
保健局 ……………………………42
保健指導………………………… 148
保険者…………………………… 149
保健所……………………………46
保険料…………………………… 150
保護施設………………………… 100

保護的な福祉……………………… 105
保護の補足性の原理……………………95
保佐………………………………………90
母子及び父子並びに寡婦福祉法
　　　　　　　　　　32, 37, 108
母子家庭………………………… 113
母子生活支援施設………………… 113
母子福祉法………………………………32
母子保健法………………… 39, 109
補助………………………………………90
ホームヘルパー…………………………64
ボランティア…………………… 140
ボランティア・コーディネーター 140
ボランティア団体…………………………58

ま　行

守られる権利……………………… 107
未成年後見………………………………89
民間活動…………………………………51
ミーンズ・テスト(資力調査)… 95, 104
民生委員………………………… 140
民生委員法………………… 40, 57, 64
民生委員令………………………………31
民法………………………………………89
無差別平等の原理………………………94

モニタリング……………………………76

や　行

夜間保育…………………………………20
養育支援訪問事業……………… 109
要介護認定……………… 120, 150
要保護児童対策地域協議会… 111, 114
ラポール…………………………………74
リッチモンド, M. ………………………75
リハビリテーション……………… 145
療養介護………………………… 128
利用料…………………………… 150
倫理………………………………………67
倫理綱領…………………………………67
連携………………………………………69
連合国軍最高司令官総司令部
　　　　　　　　　　　　32, 118
老権局……………………………………41
老人福祉法等の一部を改正する
　　法律………………………… 137
老人福祉法……… 32, 37, 115, 118, 147

わ　行

若者チャレンジ奨励金……………… 3
ワーキングプア……………………… 2

編著者紹介

井村　圭壯（いむら・けいそう）
1955 年生まれ
現　　在　岡山県立大学教授　博士（社会福祉学）
主　　書　『養老事業施設の形成と展開に関する研究』（西日本法規出版，2004 年）
　　　　　『戦前期石井記念愛染園に関する研究』（西日本法規出版，2004 年）
　　　　　『日本の養老院史』（学文社，2005 年）
　　　　　『日本社会福祉史』（編著，勁草書房，2007 年）
　　　　　『社会福祉の成立と課題』（編著，勁草書房，2012 年）

武藤　大司（むとう・だいじ）
1966 年生まれ
現　　在　プール学院大学短期大学部准教授　修士（社会福祉学）
主　　書　『公的扶助ケースワーク実践Ⅰ―生活保護の面接必携―』（共著，ミネルヴァ書房，2012 年）
　　　　　『公的扶助ケースワーク実践Ⅱ―生活保護のスーパービジョン―』（共著，ミネルヴァ書房，2012 年）
　　　　　『児童家庭福祉の成立と課題』（共著，勁草書房，2013 年）
　　　　　『ソーシャルインクルージョンのための障害児保育』（共著，ミネルヴァ書房，2014 年）

社会福祉の制度と課題

2015 年 1 月 20 日　第一刷発行

編　者　井　村　圭　壯
　　　　武　藤　大　司

発行所　㈱学　文　社
発行者　田　中　千　津　子

東京都目黒区下目黒 3-6-1　〒153-0064
電話 03(3715)1501　振替 00130-9-98842
http://www.gakubunsha.com

©2015　Imura Keiso & Muto Daiji
Printed in Japan

落丁・乱丁本は，本社にてお取替えいたします。
定価は売上カード，カバーに表示してあります。
印刷／亨有堂印刷所
ISBN978-4-7620-2504-4　検印省略